U0101023

教育部人文社会科学研究"一带一路"背景下东北亚地区汉语言文化传播与交流策略研究（项目号18YJAZH104）项目资助

"一带一路"背景下东北亚地区汉语言文化传播与交流

YIDAI YILU BEIJINGXIA

DONGBEIYA DIQU

HANYUYAN

WENHUA CHUANBO

YU JIAOLIU

肖潇 —— 著

中国书籍出版社
China Book Press

图书在版编目（CIP）数据

"一带一路"背景下东北亚地区汉语言文化传播与
交流 /肖潇著. --北京：中国书籍出版社，2022.12

ISBN 978-7-5068-9002-1

Ⅰ.①一… Ⅱ.①肖… Ⅲ.①汉语—对外汉语教学—
教学研究 ②中华文化—文化传播—研究—东北亚 Ⅳ.
①H195.3 ②G125

中国版本图书馆CIP数据核字（2022）第252447号

"一带一路"背景下东北亚地区汉语言文化传播与交流

肖　潇　著

责任编辑	王志刚
责任印制	孙马飞　马　芝
封面设计	中尚图
出版发行	中国书籍出版社
地　　址	北京市丰台区三路居路 97 号（邮编：100073）
电　　话	（010）52257143（总编室）（010）52257140（发行部）
电子邮箱	eo@chinabp.com.cn
经　　销	全国新华书店
印　　刷	天津中印联印务有限公司
开　　本	710 毫米 × 1000 毫米　1/16
字　　数	210千字
印　　张	12
版　　次	2022 年 12 月第 1 版　2023 年 7 月第 1 次印刷
书　　号	ISBN 978-7-5068-9002-1
定　　价	56.00 元

序 言
PREFACE

汉语言文化是中华民族的精神传承、历史积淀，语言文化传播与交流的历史表明，语言文化的传播与交流和国家地区的发展是相辅相成、互相推动的，语言文化传播与交流在彰显国家地区影响力的同时，也会带动其经济文化的发展；且语言文化研究投入产出比大，有持续性，加强此方面研究可惠及所有领域，是"软实力"，也是"硬实力"。

汉语言文化是一种人文资源，其传播关乎国家的政治、经济、文化发展，因此我们对其传播与交流的高度、深度、广度要深入研究，提高汉语言文化传播与交流的价值，这也必将带动语言文化经济的发展。近年来，随着国家"一带一路"倡议的实施，"一带一路"沿线国家和地区语言文化研究成为学界关注的热点。目前学界已经意识到汉语言文化传播与交流的软实力，但对其如何转化为硬实力研究后劲不足，有针对性的区域文化建设研究更是少见。"一带一路"背景下，区域一体化进程加速，由地缘进而关涉政治、经济、文化等因素，东北亚区域发展逐渐成为当今世界关注的焦点，而加强文化强国建设是提升区域竞争力的迫切需要。目前文化"走出去"战略提出已有一段时间，已经从"初创"走向"深入发展"阶段，下一步急需"精准扶持"。我国在东北亚地区要发挥区域优势，可借助汉语言文化传播与交流，推动"一带一路"倡议实施，加快开放发展。

本课题在前人研究基础上，从东北亚区域的实际出发，把汉语言文化传播与交流放到"一带一路"背景下进行研究。由历史上汉字在朝鲜半岛传播的经典案例出发，思考汉语言文化传播的内在优势和外部影响因素，重视"一带一路"倡议实施和新媒体发展带来的新机遇，由此进一步分析汉语言文化在东北亚地区传播与交流的优势和不足。汉语言文化在东北亚区域传播与交流拥有水陆交通便捷、资源类型互补、经贸良性竞争等地缘经济优势，也有共融的文化背景、共同的文化追求这样的历史文化优势。目前的不足是，内部文化传播不融合，文化属性有差异、价值取向有差异；外部传播环境不稳定，东北亚区域内国家发展路径存在差异、身份认同存在困境；传播渠道不畅通，媒介对接不畅、语言对接不畅；传播内容有待整合，传播需求供给错位、传播内容不规范、传播内容挖掘力度不足；后续传播动力也不足，人才培养缺乏，合作紧密程度低。对此，我们要突出特色、发挥优势，在东北亚地区构建文化冲突协调机制，构建语言文化融通机制，构建多维度媒介融通机制。在此基础上提出东北亚地区汉语言文化传播与交流的策略：发挥官方主导作用，整合民间传播力量，以企业推进汉语言文化传播与交流，以人才培养保障汉语言文化传播与交流，真正实现汉语言文化传播与交流的软实力和硬实力，促进汉语言文化传播与区域政治、经济、文化建设协同发展的深入探讨，为未来汉语言文化传播与交流提供切实可行的参考意见。

目 录
CONTENTS

第一章 绪 论

第二章　汉语言文化传播经典案例
——汉字在朝鲜半岛

第三章 东北亚地区汉语言文化传播的思考与机遇

第五章　东北亚地区汉语言文化传播与交流机制

第六章　东北亚地区汉语言文化传播与交流的路径

第一章

绪　论

随着当今世界全球化和区域化的发展，中国和周边国家在经济文化等领域的交流也不断加强。特别是"一带一路"倡议实施后，全世界对汉语言文化的需求已经达到一个新的高度，人们渴望了解、学习、运用汉语言文化，参与其中的人不断增多，"一带一路"沿线国家和地区语言文化研究成为学界关注的热点。

本课题在前人研究基础上，在国家开放发展大格局下，总结汉语言文化国际传播的历史经验，研究汉语言文化传播的新形势，从东北亚地区汉语言文化传播的实际出发，旨在突出特色、发挥优势，实现汉语言文化传播的软实力和发展的硬实力，促进汉语言文化传播与区域政治、经济、文化建设协同发展的深入探讨。

第一节　概念界定

一、"东北亚"的内涵

（一）"东北亚"的初始内涵

"东北亚"一词是日本考古学家乌居龙臧在对蒙古、朝鲜和我国东北地区进行考古调查后，在 1926 年撰写的《东北亚洲搜访记》中最早提出。[①]20 世纪 60 年代，苏联一些考古学家、史学家使用了该词。我国最早使用"东北亚"一词则是在 1984 年，吉林文物考古研究所编制的《东北亚历史与考古信息》中使用了该词，因而最初"东北亚"一词仅在史学界，主要用于考古研究。

（二）"东北亚"的地理内涵

"东北亚"作为一个区域概念，脱胎于"东亚"这一地理概念，属于次区域概念，诞生很晚，是随着该地区的国际影响力上升而独立的。"东北亚"主要指亚洲的东北部地区，主要包括俄罗斯的东部地区、蒙古的部分地区、朝鲜半岛、日本的北部与西北部、我国的东北和华北地区。

[①]　郭素美.关于"东北亚"一词的最早出现［J］.黑河学刊，1995（2）：49–120.

（三）"东北亚"的综合内涵

"东北亚不仅是一个自然地理概念，而且更主要是一个地缘政治概念。"[①] 东北亚问题近年来一直是国际关注的焦点，学界从政治、经济、文化等多角度研究"东北亚"。广义上，"东北亚"问题包含俄罗斯、蒙古国、朝鲜、韩国、日本、美国和我国各国情况；狭义上，"东北亚"问题仅指俄罗斯东部、蒙古国、朝鲜、韩国、日本北部与西北部、我国东北与华北地区的相关情况。

本课题研究所涉及的"东北亚"概念属于狭义理解，研究所涉及的范畴不局限于地理，而是与其综合内涵相关。

二、"一带一路"的内涵

（一）古代"丝绸之路"的内涵

历史上，"丝绸之路"主要指陆上"丝绸之路"，由出使西域的张骞开启。通过"丝绸之路"，汉文化从长安远播到了中亚、西亚、南亚，最终到达罗马，成为古代中国连接世界的桥梁，是汉语言文化传播史上的里程碑。实际上，除了这条途经西域的"西北丝绸之路"外，具有代表性的"丝绸之路"还有："西南丝绸之路"，从长安，经成都，最后进入印度；"草原丝绸之路"，经蒙古高原、天山北麓，最后进入中亚；"海

---

① 李金辉.浅析东北亚区域内的安全与秩序［J］.延边党校学报，2006（9）：73–75.

上丝绸之路"，从广州等沿海城市起，经南洋到阿拉伯海，直至非洲东海岸。"丝绸之路"不仅是汉语言文化传播的重要通道，也是中国历史文化不可分割的一部分。"丝绸之路"这个名称却是德国人费迪南·冯·李希霍芬总结概括的，他在著作《中国》中首次使用，此后"丝绸之路"逐渐成为中国与世界交流通道的一个传统说法。[①]

（二）现代"一带一路"的内涵

习近平总书记在 2013 年创造性地提出了，建设"新丝绸之路经济带""21 世纪海上丝绸之路"合作倡议。三部委在 2015 年初联合发布了《推动共建丝绸之路经济带和 21 世纪海上丝绸之路的愿景与行动》[②] 为"一带一路"倡议的内涵做出了明确界定。文件包括"时代背景""共建原则""框架思路""合作重点""合作机制""中国各地方开放态势""中国积极行动"和"共创美好未来"八个部分，明确了"一带一路"的基本内涵，阐明了"一带一路"的目标、理念、原则、路线、重点等内容。《习近平谈"一带一路"》指出："'一带一路'建设是中国在新的历史条件下实行全方位对外开放的重大举措，是推动构建人类命运共同体的重要实践平台，为世界提供了一项充满东方智慧的共同繁荣发展的方

---

① 人民网. 揭 "一路一带" 历史秘密："丝绸之路" 名称是谁 "发明" http://culture. people.com.cn/n/2015/0415/c87423-26848892.html.

② 人民网. 授权发布：推动共建丝绸之路经济带和21世纪海上丝绸之路的愿景与行动［EB/OL］.（2015-03-28）［2017-05-16］. http://world.people.com.cn/n/2015/0328/c1002-26764633.html.

案。"①2021 年习近平主席在"一带一路"亚太区域国际合作高级别会议强调,"中方愿同各方一道,建设更加紧密的'一带一路'伙伴关系,坚持走团结合作、互联互通、共同发展之路,共同推动构建人类命运共同体"②。

"一带一路"成为中国的开放窗口,是与其他国家开展经济、文化合作交流的纽带和平台。"一带一路"倡议实施后,中国开放的大门进一步向全世界敞开,在绝大多数国家产生积极热烈的反响,中国已经与 149 个国家和 32 个国际组织签署了多项共建"一带一路"合作文件。

丝绸之路经济带涉及的国内省份有:黑龙江、吉林、辽宁、内蒙古、陕西、甘肃、宁夏、青海、重庆、广西、云南、新疆、西藏 13 个省(自治区、直辖市),涵盖东南亚、东北亚经济整合,并最终融合在一起通向欧洲,形成欧亚大陆经济整合的大趋势。"一带一路"涉及东北亚国家的主要是北线,包括:美国、加拿大—日本、韩国—海参崴—长吉图—蒙古—俄罗斯—欧洲腹地。我国对内蒙古、黑龙江、吉林、辽宁的定位是建设向东北亚开放的重要窗口,而长吉图开发开放先导区是东北亚的核心区域。

---

① 习近平. 习近平谈"一带一路"[M]. 北京:中央文献出版社,2018(1).
② 习近平. 习近平向"一带一路"亚太区域国际合作高级别会议发表书面致辞[N]. 人民日报,2021 年 6 月 24 日第 1 版.

第二节　东北亚区域汉语言文化研究的价值和目的

"一带一路"倡议实施后，加强"一带一路"背景下东北亚地区汉语言文化传播与交流研究，能充分发挥多方面的作用，有重要的理论和实践价值。

一、东北亚区域汉语言文化研究的价值

（一）有利于提升我国文化软实力

一个国家的综合国力有多种体现，既包括"硬实力"也包括"软实力"。国家"硬实力"可具象化，为人所熟知，而"软实力是一国的文化、价值理念、社会制度和发展模式的国际影响力和感召力。其最高目标是实现本国的文化、价值理念、社会制度和发展模式在国际社会中的主体化，最大限度地发挥国家的影响力"[①]。"一带一路"背景下，国家文化软实力的增强除了加强内部建设，还有赖于文化的国际传播，因此本课题以汉语言文化的传播与交流为研究切入点。

以汉语言文化为基础，通过与东北亚国家和地区的单边或多边合作

[①]　赵刚，肖欢：国家软实力［M］.北京：新世界出版社，2010（8）：113.

与交流，可维护国家形象，进而提升中国在东北亚合作中的战略地位。此外，充分发挥东北地区对外开放的窗口作用，让长吉图开发开放先导区起到跨文化国际合作交流的示范作用，重新焕发东北老工业基地的生命力，从而使我国特别是东北地区成为东北亚区域合作的重心。

（二）有利于语言文化传播与区域协同发展

东北亚地区是"一带一路"倡议实施中重要的一环，语言文化研究投入产出比大且有持续性，加强语言文化方面的研究不仅能在该领域产生效益，而且可惠及其他领域，且文化这种"软实力"在一定条件下还可以转化为"硬实力"。因此，本课题提出汉语言文化在东北亚地区的传播与交流策略，并在调研中不断反思改进，提高策略的有效性，可提高我国文化产业的竞争力，适应国家区域的发展需要。本课题研究目标明确，所提出的策略有针对性，为汉语言文化传播与东北亚区域政治、经济、文化建设协同发展提供参考意见。

（三）有利于推动学科交叉互融研究

"一带一路"背景下，特定区域内的某种语言文化是不能孤立发展的，区域语言文化研究具有开放性。从研究方法来说，要将汉语言文化与东北亚整个区域发展相结合进行研究；从研究内容来说，汉语言文化研究随着传播与交流空间的扩展而不断延展研究范畴，且区域语言文化具有很强的关联性，常展现多维度、多学科的交叉。因此本课题在前人研究的基础上，从汉语言文化在东北亚地区传播的历史和现状中总结经验，并依据语言学、传播学、社会学等学科理论，将汉语言文化传播与交流研究置于"一带一路"倡议实施这一宏观背景和东北亚新的政治、经济、文化形势这一微观背景下进行探索研究，这将吸引更多的学者关注，有助于推动学科间的交叉、互动，并进一步丰富"一带一路"语言文化研究成果。

二、东北亚区域汉语言文化传播研究的目的

（一）从"一带一路"角度研究汉语言文化

随着当今世界全球化和区域化的发展，中国与周边国家和地区在经济文化等领域的交流不断加强。特别是和中国毗邻的东北亚地区国家，对汉文化的需求已经达到一个新的高度，学习汉语言文化的人不断增多。但由于其本国语言文字与汉语汉字有着很大的区别，这就给汉语言文化的传播造成了很大的困难。本课题从汉语言文化传播的历史、现状等方面入手，找出汉语言文化国际传播过程中存在的问题，促进"一带一路"框架内国家和地区语言文化传播与交流。

（二）从区域文化角度研究汉语言文化

汉语言文化是中华民族的精神传承、历史积淀。历史表明，语言文化传播与国家区域的发展是相辅相成、互相推动的。目前学界已经意识到汉语言文化传播带来的软实力，但对其如何转化为硬实力，则研究后劲不足，有针对性的区域经济、文化建设更是少有关注。

第三节　相关领域研究现状

与本课题相关的研究领域较多，我们始终抓住语言文化传播这一主线，同时关涉其他问题，现将学界主要观点梳理归纳如下。

一、东北亚地区新形势与汉语言文化传播与交流

在东北亚区域发展方面，国内外很多学者进行过研究。部分学者研究的重点在如何建立合作机制，如俄罗斯科学院远东分院经济研究所所长 ΠΑ. 米纳基尔《俄罗斯远东与东北业合作的战略》、韩国李荣镐《东北亚合作模式与发展路径研究》、何剑《东北亚安全合作机制研究》、吴心伯《东北亚的抉择：地缘政治与地缘经济》、韩彩珍《东北亚合作机制的微观解释——从博弈论的角度》，研究各国发展战略与东北亚合作的契机，从政治格局、经济一体化和安全机制对东北亚区域各国合作等方面进行阐述，探索未来合作的发展路径。学者们对合作的模式进行了可行性分析，重点在合作的前景、合作形成的条件。

部分学者研究的重点在东北各国局势，如阪仓笃秀《东亚共同体与日中关系的历史及未来》、李敦球《战后朝韩关系与东北亚格局》、焦连成和于国政《朝鲜半岛地缘政治经济格局演变及俄罗斯政策走向评析》，

这些文章着重分析了中、日、朝、韩关系历史与未来发展方向，从形成背景、影响和制约因素进行了分析和探讨，分析了各国关系对东北亚格局所产生的影响，说明建立东亚共同体与各自关系的相互影响。学界认为现今东北亚局势充满了不稳定因素。张蕴岭《东北亚地区关系：格局、秩序与前瞻》、倪峰《美国与东亚关系的历史考察——兼论中美日三国互动及地区影响》、杨伯江《东北亚地区如何实现与历史的"共生"——从"大历史"维度思考中日韩和解合作之道》、高祖贵《"合作共赢"：新型国际关系的核心思想》等文章围绕东北亚区域各国本身以及各国构成的地区关系和形成的地区秩序探索东北亚问题，具体表现在：

（一）中国影响力日增

中国一向重视在东北亚地区的发展，历史上中国曾是该地区的中心，随着工业革命的发展，中国在东北亚地区的影响力减弱。随着现代东北亚区域经济一体化浪潮的到来，特别是"一带一路"倡议的实施，中国重新回到了该地区的中心位置，在政治、经济、文化等方面全方位展示了影响力。汉语言文化传播与中国影响力是密切相关、相辅相成的，随着中国影响力的发展，汉语言文化又迎来了发展的新契机。

（二）大国竞争意识凸显

主要表现为中美两国的力量平衡和中日两国的利益竞争。美国向东北亚地区加快推进亚太再平衡战略，日本在东北亚的地位正处于历史性回升阶段，俄罗斯在该地区影响力增强，逐渐成为地区事务的积极参与者和影响者。

在国际竞争与合作中，语言文化交流先行，切实有效的传播效果也就更重要。我国经济文化发展与国际环境联系密切。汉语言文化作为中国连接东北亚的桥梁，其传播与交流与以往相比更加迫切、急需。

二、"一带一路"倡议实施与汉语言文化传播

"一带一路"的大门向亚太国家敞开，得到绝大多数国家积极热烈的反响。郭龙生《媒体语言中的跨境语言规划研究》、赵世举《"一带一路"的语言需求及服务对策》、黄行《我国与"一带一路"核心区国家跨境语言文字状况》、张日培《服务于"一带一路"的语言规划构想》、王建勤《"一带一路"与汉语传播：历史思考、现实机遇与战略规划》、文秋芳《"一带一路"语言人才的培养》等学者重点论述了以下议题：

（一）"一带一路"背景下语言文化建设的作用

语言融通、文化认同、彼此信任是"一带一路"倡议实现的先导工程，是沟通合作的基础条件。语言文化的交流合作有利于降低贸易往来成本，有利于民心相通，为各国友好合作打下基础。

（二）"一带一路"沿线国家语言状况分析

"一带一路"沿线国家语言种类多，语言资源丰富，语言状况复杂。

沿线国家外语状况呈现出两个特点：一是英语已经成为"一带一路"沿线国家最重要的外语，汉语也日益受到重视。二是区域性和地缘性较为显著。

（三）"一带一路"背景下语言文化建设的路径

开展"一带一路"沿线国家和地区语言政策的国别研究，开展同类智库加强交流，提升关于我国语言政策的理论解释力，从语言文化的角度进一步丰富"一带一路"开放包容、合作发展、互利共赢的理念。

三、汉语言文化在东北亚地区传播与交流概况

赵金铭《汉语国际传播研究述略》、郑通涛《以"四个自信"为引领，推进汉语文化国际传播的创新发展》、马秋武等《汉语国际教育的发展路径与前景》、吴应辉《汉语国际传播研究理论与方法》《汉语国际教育面临的若干理论与实践问题》《汉语国际传播事业新常态特征及发展思考》、周小兵等《国际汉语教材语料库的建设与应用》、莫成凡《语言、文化与经济——从东北亚的经济发展看语言与文化的作用》等学者在著作和文章中对汉语言文化国际传播进行了论述。

（一）汉语言文化传播概况

明确中国古代文化的基本要素，特别是汉字，是东亚文化圈最终形

成的基础。中外学者分析了汉字传播的历史和现状，指出传播过程中存在的问题及影响因素。这其中包括：

从汉字本体角度进行纵向梳理、横向比较。部分外国学者关注汉字传入韩国之后的变异，如金钟埈《韩国固有汉字研究》、尹彰浚《韩国固有汉字简说》、河永三《韩国固有汉字的比较研究》和《韩国固有汉字中"国"字之结构与文化特点》，内容多讨论韩国固有汉字的产生方式、原因以及由此而反映出来的韩国特有的文化历史特色，这对我们了解韩国古人如何使用汉字以及在哪些方面使用汉字提供了宝贵的素材。詹小洪《韩国向汉字文化圈回归》、周四川《汉字在朝鲜半岛》、李立绪《汉字在韩国的历史命运及启示》、全香兰《韩国的汉字现状》、河永三《韩国汉字教育历史回顾和现状分析》，指出汉字在韩国传播受国策影响很大，分析了韩文专用政策带来的弊病，汉字、韩文并用与汉字教育的必然，以及目前韩国汉字教育中急需解决的问题。尹佑晋《汉字与韩国文化》分析了朝鲜半岛的三国时代、高丽王朝、朝鲜王朝近现代汉字与韩国文化的关系，井米兰《韩国汉字及俗字研究综述》从俗字角度探索汉字在韩国的研究，一些学者注重汉字文化圈内汉字字形统一、汉字简化统一方案等问题。邱子雁《朝鲜半岛、日本、越南汉字系文字的比较研究》和《从汉字传播的角度比较日本、朝鲜的文字系统》，找出三国汉字体系的共性和差异。罗卫东《汉字在韩国、日本的传播历史及教育概况》、谢世涯《新中日简体字研究》、曲翰章《在汉字的十字路口——浅议中日汉字的发展》韩国、日本两国现在的语言文字中都夹用汉字，这些文章对日、韩使用的汉字与中国现行汉字进行比较研究。金太汉的《汉字文化圈内教育汉字比较研究》（忠南大学硕士学位论文）比较研究了汉字文化圈内的日本、中国等国所颁布的教育汉字在字量、字形方面的异同。权善玉的《韩中日常用汉字比较研究：以字数、字意为中心》（庆熙大学硕士学位论文）专门以韩中日三国的常用汉字为考察对象，主要考察了各国常用汉字在字数及字意方面的差异。与权善玉文章相似的还有李允子的《韩中日教育用常用汉字比较研究》（淑明女子大学硕士学位论文）、朴贞爱的《韩国教育用基础汉字和中国现代汉语常用汉字比较研究》（淑明女子大学硕士学位论文）、朴点玉的《韩国和中国现行汉字比较》（中国社会科学院硕士学位论文）将韩国"教育用基础汉字"与中国《现代汉语通用字表》汉字进行比较。田博的《汉字在韩国的传承与变异》（解放军外国语学院硕士学位论文）比较了韩中汉字在字形、字音、字义及语素功能方面的差异，并由此总结出了差异特点和规律。另有一些研究成果关注中韩汉字形、音、义三个方面的某一方面，任少英的《韩国汉字音与普通话声调的对应关系》、赵美贞的《韩国汉字音中的汉语上古音》、吴海娟的《韩中现行汉字字形比较研究》（中国人民大学硕士学位论文）、徐新伟的《中韩汉字比较研究》（华中科技大学硕士学位论文）对中韩汉字的声母系统、韵母系统、共同音节、部首归部等差异进行了研究。一些学者注重汉字文化圈内汉字字形统一、汉字简化统一方案等问题。如裘锡圭先生《浅说汉字文化圈内的汉字异形的问题》指出当前汉字文化圈内各国汉字存在异形的情况，应将其置于整个汉字文化圈内予以统一。刘世刚《中、日、韩三国汉字一体化的初步设想》通过中、日、韩汉字的历史沿革和使用现状阐述汉字的重要功能及其简化进程的一体性。李炬、李贞爱《汉字中日韩朝文化之基石》指出汉字对日本、韩国、朝鲜的文字、语言和文化产生的巨大影响。金红月《中、韩、日三国汉字简化字研究》指出三国汉字简化字在字形、字音和字义方面的差异，指出三者的差异是造成交流困难的主要原因，由此提出对三国统一规范汉字简化字的愿望。邵文利、杜丽荣的《推动中韩汉字"书同文"的一个重要举措—— 韩国韩中文字交流协会选用的606个简体汉字》分析了韩国1800个教育用基础汉字中的606个简体汉字与中国规范汉字的具体对应关系，阐述了韩国学术界启用606个简体汉字对于汉字文化圈国家实行汉字统一标准的重要意义。

（二）汉语国际教育发展概况

我国在汉语国际教育方面取得了丰硕成果。孔子学院已经落户全球多个国家或地区，涉及东北亚地区各国。国内很多高校开设了汉语国际教育专业，培养了大批人才。汉语外语教学的理论体系也日臻完善，学界研究的重点是如何进行对外汉字教学。

一是从探讨汉字本身的规律和特点出发。包括字形、字音、字义、汉字文化。二是从语言习得和偏误角度入手。两者共同的是都从微观角度具体探讨如何学习汉字，缺少宏观的视角，总结成功的、有可操作性的汉字传播模式。余国江在《传统识字教学的优点及其对对外汉字教学的启示》一文中提出对外汉字教学法多种多样，但不外乎三种模式：先语后文、语文并进、文语双轨。在对外汉字的教材方面，常微认为目前各个院校使用的教材基本以北京语言大学出版的教材为主，虽然设立了汉字读写联系，但汉字的输入顺序与输入量基本上是根据精读课语法点的引入顺序而设的，随意性较大。没有从学生的认知规律出发，遵循先易后难、由简入繁的识字原则，从笔画部件入手，循序渐进地过渡到独体字、合体字。因此，教学效果并不明显。在偏误分析和针对留学生的汉字教学方面，王幼敏就日本学生学习汉字过程中出现的偏误进行分析并提出对策。此后，针对不同国别留学生的汉字教学研究及偏误研究一直在进行，如连晓霞《南亚留学生错别字分析及教学对策》、潘先军《形旁表义功能在留学生汉字学习中的负迁移及对策》、高箬远《日本学生汉语习得中的汉字词偏误分析》、张晓涛《非汉字文化圈留学生汉字认读偏误及对策研究》、刘居红《对外国学生汉字书写偏误的分析——兼谈汉字教学》。这些文章从不同的角度分国别对留学生的汉字习得、学习中的偏误进行分析，并提出相应对策，推动了对外汉字教学的偏误研究，也给实际教学提供了借鉴。在汉字的部件教学方面，崔永华《汉字部件和对外汉字教学》一文，强调部件的教学。万业馨从字符分工的角度，强调利用汉字的不同分工进行教学，在《文字学视野中的部件教学》一文中，她指出可以先给学生充当意符的字。李大遂则对汉字偏旁在教学中的作用进行了研究。施正宇指出，汉字的几何性质就是汉字所具有的向量特征和拓扑性质，从汉字的几何性质出发重新认识汉字的书写。郭智则从一些汉字字形的对称特点出发来指导对外汉字教学。吴恩娜则从注音角度来考察注音方式对留学生字形学习的影响。王建勤则从学生的汉字构形意识的角度对留学生习得汉字的发展进行模拟研究，加强留学生的汉字构形意识，以促进汉字的习得。

（三）汉语汉字传播的启示

汉字作为记录汉语的工具，作为汉文化的一部分，在不断传播的。周小兵、张静静《朝鲜、日本、越南、汉语传播的启示与思考》对汉语传播的影响因素、传播内容、教材取向等进行了研究，指出新时期的汉语传播，应该考虑外国人的思维特点，重视文化载体、教育渠道、教学模式和教材编写。陈培爱《汉字作为信息媒介的传播学思考》从传播学的角度来探索汉字，深入探讨汉字传播信息的方法、模式、规律、功能。周庆生《从初始到盛行：汉字的东向传播》、赵丽明和黄国营《汉字的应用与传播》、郑立《唐代汉字传播的途径及其影响》、于东新《汉字的传播与未来发展之走向》，明确了汉字与汉语的关系，介绍了汉字在国内及境外的传播概况。汉语言文化传播的意义不仅仅局限于语言本身，有学者从国家实力的角度定义语言文化传播，分析对外文化传播与构建文化软实力之间的关系。除了宏观的分析，还有学者从语言经济学角度研究，阐明汉语国际传播的经济作用。此外，有学者提出汉语言文化产业应与汉语国际传播推广协同发展。

以上这些研究无疑都是必要的，为进一步探讨奠定了基础，提供了借鉴。但仍有深化研究的空间。如：利用东方文化传统，从文明的高度进行引导，如何加强汉文化圈各方共同研究；在"一带一路"背景下，汉语言文化传播与交流新内涵解读，汉语言文化传播和交流策略如何做出相应调整等，这些问题都亟待解决。

汉语言文化传播经典案例

——汉字在朝鲜半岛

朝鲜半岛与中国山水相连，汉文化及其载体汉字很早便传到了朝鲜半岛。汉字在朝鲜半岛的传播无疑是汉语言文化传播的经典案例。本课题从该方向入手，通过分析其传播历史和现状，总结不足，吸取成功经验。

第一节　汉字在朝鲜半岛的传播历史

一、传播初期

关于汉字传入朝鲜半岛的时间，学界一直没有达成一致意见，比较有代表性的，有以下几种见解。

（一）箕子时期

公元前 1119 年，箕子将汉字带到了朝鲜半岛。持这种观点的如敖依昌、樊菀青 ①、刘凤琴 ②。

《史记·微子世家》载"武王乃封箕子于朝鲜而王臣也"。《汉书·地理志》载："殷道衰，箕子去之朝鲜，教其民以礼义田蚕织作，乐浪朝鲜民犯禁八条。"《尚书大传》等古籍，对此事也有叙述。

持反对意见的学者认为，《汉书·地理志》没有指明箕子传授汉字，仅以箕子或少数人懂汉字的事实不能推论汉字当时即已传入朝鲜半岛。

---

① 敖依昌，樊菀青. 汉字在朝鲜的命运与朝鲜人价值观的变化 [J]. 湘朝（下半月·理论）2007（2）：47–48.

② 刘凤琴. 朝鲜三国和新罗时期的汉文学 [J]. 解放军外国语学院学报，1992（5）：70–76.

（二）战国时期

认为汉字在中国战国时期传入朝鲜半岛，持这种观点的如陈榴①、林龙飞。② 主要证据是在朝鲜半岛出土了战国时期的钱币，有公元前 222 年制造的秦戈，还有 4600 多枚公元前 4 世纪至公元前 3 世纪在燕国流通的货币明刀钱，且在秦戈和明刀钱上，都刻有汉字。春秋战国时代，燕国距离朝鲜半岛最为接近，刻有汉字的货币在朝鲜半岛广泛流通，也印证了当时汉字已经传到朝鲜半岛。另据《三国志·魏书·乌丸鲜卑东夷传》载"陈胜等起，天下叛秦，燕、济、赵民避地朝鲜数万口"。大量的中土移民必然会将包括汉字在内的汉文化带到朝鲜半岛。

（三）汉四郡时期

公元前 108 年，汉武帝灭卫满朝鲜（公元前 195 年—公元前 108 年），在其领地今朝鲜北部大同江流域建立了乐浪、临屯、玄菟、真蕃四郡，史称汉四郡。汉字当是在这一时期传到朝鲜半岛的。持这种观点的如李华③、尹彰浚④。但持反对意见的学者认为，汉四郡虽然建立在半岛境内，但汉四郡的中国人与半岛居民没有接触，不可能将汉字传到朝鲜半岛。

---

① 陈榴.东去的语脉［M］.辽宁师范大学出版社，2007（9）：9.
② 林龙飞.东亚汉字文化圈及其形成论析［J］.东南亚纵横，2006（8）：58-62.
③ 李华.汉字在韩日两国的传播与使用［J］.现代语文（语言研究版），2012（12）：77-81.
④ 尹彰浚.韩国固有汉字简说［J］.重庆三峡学院学报，2008（5）：95-97.

（四）三国前期

公元前 1 世纪，朝鲜半岛上建立了新罗（公元前 97 年—公元 935 年）、百济王朝（公元前 18 年—公元 660 年），此时还没有创制本民族的文字系统，两国都沿袭了前代使用汉字的传统。汉字应该是在这一时期传入朝鲜半岛的。持这种观点的如李得春[①]、周四川[②]。据《日本书纪》记载，百济人王仁于公元 285 年把《论语》和《千字文》传到了日本。公元 251 年，新罗已经设立了专门掌管汉字传播和运用的官职。而它与百济之间的战和往来，也使用汉字书写，并开始使用汉字来编修史书。新罗在智正王 4 年（公元 503 年），用汉字改称国号和王号，法兴王 1 年（公元 514 年），开始使用年号和谥号，可见汉字已取得官方文字的地位。到景德王时期（公元 742 年—公元 765 年），则全面输入唐朝的文化及典籍制度，实行"二字制地名改定"和"文武官职名改定"，到真兴王六年开始编纂国史。高句丽（公元前 37 年—公元 668 年）在公元 372 年已经设立太学，开展儒学教育。通过汉籍，汉文成为统治阶级及其知识分子通用的书面语，这种书面语和口语是完全脱节的。一些贵族开始将本国的语言、思想与汉字相结合，运用汉字来表达思想。《三国史记·高句丽本纪》记述了高句丽第二代王琉璃王用汉字书写的诗歌，可见当时汉字已经得到了广泛的使用，并达到了相当的水平。

---

① 李得春，金基石.汉字文化与朝鲜汉字［J］.东疆学刊，1997（7）：44-51.
② 周四川.汉字在朝鲜半岛［J］.汉字文化，1989（4）：41-43.

二、传播本土化时期

（一）三国后期

公元 4 世纪前后，朝鲜人在直接使用汉字的过程中，适应本土的语言特征，创造了一种新文字——吏读。吏读是一种汉语、古代朝鲜语混合的文字，它在形式上都是汉字，其句子中实词多用汉语，而虚词则用朝语（以汉字记朝鲜语语音）。吏读主要用汉字来转写国名、地名、人名、官职名及朝鲜特殊的词汇，其转写方式主要有音译转写、意译转写、半意译半音译转写等。例如："为古"表示朝语的发音，意为"做"。下面是《大明律直解》中使用吏读和汉文原文的对照文：

> 凡官吏亦擅自离职役为在亿良笞四十为乎矣难苦为去向入回避为要因而在逃为在亿良仗一百停职不用为旀所避事为在乙良各从罪齐。①

> 凡官吏，无故擅自离职者，笞四十。若避难，因而在逃者，仗一百，罢职不叙。所避事重者，各从重论。(《明律·擅离职律》)

广义的吏读包括"吏扎"和"乡扎"。吏扎是官方文书的书写形式，往往在官方需要记录某一件事时加以利用。乡扎产生于 8 世纪，是专门

---

① 洪文起.朝鲜半岛的汉字传入及演变过程［J］.吏读研究，太学社，1957：353.

用来记录流传于民间的口头歌谣"乡歌"的书写形式。这样，吏扎主要用于书写书面语，乡扎主要用来书写口语，而乡扎基本上只有音译和意译转写两种形式。吏读以其汉字文化与朝鲜语有机结合的书写手段，显示出较强的生命力。吏读的诸要素包括吏读音、吏读义、吏读词、吏读字等。所谓吏读字就是模仿汉字而创造的书写符号，它是汉字文化朝鲜化最直接的产物。随着吏读的普及，当时还创造了很多有别于汉字的特别文字，称之为吏读字。例如：

艁（小舟）、蠎（穴舟虫）、艺。

但是"乡扎"这种对语义要素用训读、对形态要素用音读的方法，从未登上"大雅之堂"，延续到高丽时期便逐渐消失。从此，汉字与吏读长期并存。吏读的创立是汉字在朝鲜半岛上运用过程中，当地人根据自身语言和思想特点而进行的主动改造，是汉字本土化的过程。

（二）后高丽时期

公元930年，高丽创办国学，讲授中国儒家经典，公元958年高丽实行科举制，之后，高丽与宋、辽、金都有着密切的往来。随着高丽将儒学作为治国的重要之策，并作为选拔官吏的重要手段，汉字的使用进一步得以普及。高丽还专门在朝廷中设立了讲授、传习汉语、汉字的机构，公元1391年设立的"汉文都监"，为高丽培养了大量的汉语人才，推动汉语在高丽的应用起到了重要作用。而此时，汉语、汉字的教科书也成为普及汉字、汉语的必备之物,《老乞大》《朴通事》这类的汉语教科书应运而生。

(三)朝鲜王朝前期

朝鲜王朝设立了司译院、偶语厅、承文院,大力培养翻译人才,引进多部中国辞书。除此之外,还通过多种渠道学习汉语,如派遣遣明使、质正官赴中国学习,向明朝来的使节学习,聘请中国人授课,等等,使汉语、汉字得到空前的普及,也为汉字进一步本土化打下基础。

三、汉字影响弱化时期

(一)谚文创制时期

随着朝鲜王朝本国的自我主体意识强化,统治者急需一套替代汉字的文字系统。另外,虽然中国汉字很早传入朝鲜半岛,并为上流社会所接受,但是汉字毕竟是中国的文字,这种外来文字同朝鲜本国语言、思想之间的矛盾逐渐加剧,这也给人民使用文字和他们的文化生活带来了困难。汉语属于汉藏语系,而朝鲜语、日本语属于阿尔泰语系,阿尔泰语系中带有许多的黏着语,这种语言与文字的不统一,也一定程度上影响了表达。

国之语音，异乎中国，与文字不相流通。故愚民有所欲言，而终不得伸其情多矣。（《训民正音·序》）

朝鲜王朝第四代王世宗，创制了朝鲜人自己的文字——训民正音，并于公元 1466 年正式颁布施行。训民正音是在中国的音韵学原理和程朱理学原理的影响下创制出来的崭新的文字系统，它是模仿汉字的笔画，依据天、地、人三才原理创制的窗形文字。

（二）混合体时期

谚文并没有得到迅速普及，官方文书、上层社会及士大夫一如既往沿用汉文，谚文只在下层老百姓中传播并使用。几百年来由于汉文崇拜思想仍然存在，社会逐渐形成了汉文、吏读文和汉朝混合体三种形式并存的文字生活。

1895 年朝鲜政府正式废除汉文、吏读文，颁布"使用国汉文混合体"的法令。这一时期汉字的数量有所减少，混合体使用的范围也有所减小。

第二节　汉字在韩国传播的现状

一、韩文专用时期

（一）《韩文专用法律案》颁布

韩国政府提倡韩文专用。自 1961 年至 1979 年，朴正熙颁布了《韩文专用法律案》，试图全面废除汉字，专用韩文，此举遭到民众的强烈反对。为此朴正熙设立了“韩文专用特别审议会”，将汉字词、外来语改成纯粹韩语。此项工作一直持续到 1968 年 8 月，改正词汇总数达 14149 个。

（二）全面实行韩文专用

1968 年 10 月，朴正熙提出“促进韩文专用 7 个事项”，同年 12 月颁布“国务总理训令第 8 号”，全面实行韩文专用。1970 年韩国的小学、中学教科书中的汉字被取消，专用韩文。公共机关的公文也全面专用韩文。韩文专用政策给韩国的汉字教育造成了严重的后果。教科书、书籍、报纸、杂志、公文等信息媒介全部改为韩文，汉字从以上媒介中消失，人们失去了使用汉字甚至见到汉字的机会。

二、韩汉并用时期

汉字在韩国使用了近两千年，95% 以上的韩国历史性书籍都是用汉字记录的，所以废除汉字实际上等于废除了韩国两千年的历史。虽然此后韩国政府的韩文专用政策有所软化，允许教科书、公文等可以韩文汉文并记。现在普通教科书上仍然很难看到汉字。其他读物，例如报纸、公文里也无法实现韩文汉字并记。

（一）汉字教育

为了弥补韩文专用后汉字教育的缺失，韩国各大学开设了汉文选修课。但由于在日常生活中不使用汉字，且学习汉字也无实际利益可得，所以，大学里的汉文选修课形同虚设。韩文专用政策造就了韩国 " 韩文一代 "，很多人甚至不会用汉字写自己和父母的名字，汉字成了只有少数学者可以读懂的文字。虽然韩国政府坚持韩文专用，但韩国教育部并没有完全废止学校中的汉字教育。1971 年，韩国初中、高中开始开设汉文课程。1972 年，韩国教育部门选定汉文教育用基础汉字 1800 字，规定初中、高中各教 900 个汉字。在大学新开设汉文教育系，以培养汉语教师。1975 年改正教科书的体系，准许汉文课以外的教科书上也可以用汉字并记。

（二）政府推动

1991 年 3 月，韩国确定人名汉字 2854 字。1997 年，添加原非人名汉字当中的一部分汉字，人名汉字的俗字、略字、同字等 100 多个字。1999 年，决定身份证上并记汉字名字。1999 年 7 月，韩国政府决定必要时公文上可以并记汉字及其他外语。2000 年，韩国政府公布新定汉文教育用基础汉字 1800 字的计划，同年决定道路的标志和地铁路线图上并记汉字、英文。2004 年韩国决定实行国家公认制度，由教育人力资源部（李明博政府改称教育科学技术部）对众多汉字考级机构进行审查，选出其中优秀者，授予他们权力，以确保汉字考级向健康持续的方向发展。这一举措，在一定程度上也反映了韩国政府对汉字教育及其推广的重视。韩国教育人力资源部于 2000 年承认了汉字考级考试的国家认证资格，并将汉字引入了大学入学及企业招聘考试当中。大学和高中在录取学生时，获得汉字考试规定等级证书的学生可以得到加分照顾。这一政策的实施，使得参加汉字考试的群体猛增。就韩国语文会主管的汉字能力检定考试而言，据统计从 2001 年的 407753 名，增加到 2003 年的 781910 名。2007 年，参加"汉字能力检定考试"的小学生人数，就已经达到 50 万名，该数据占当时韩国全体小学生比例的 10%–13%。

（三）民间力量

韩国各大企业规定，如果汉字应用能力达不到一定水平，就不能升职。2003 年，韩国五大经济团体决定建议属下 19 万家公司，从 2004 年起招聘职员时进行汉字资格检定考试，只录取能认识 1817 个汉字、书写 1000 个汉字的新职员。五大经济团体提议：录用新员工和员工升职时应该测试他们的汉字能力。该提议得到了许多著名企业的响应。例如三星、

LG、SK、现代重工、现代汽车等。他们在招聘员工时陆续引入了汉字考试。应该说，韩国经济界，特别是大企业在录用员工时对汉字水平和汉语能力的要求，成为韩国当代年轻人越来越重视汉字学习的重要因素。

20世纪，韩国政府的文字政策几经变更，但目前还是维持着韩、汉文并用的政策。学者们对汉字，尤其是韩国固有汉字多有关注。

第三章

东北亚地区汉语言文化传播的
思考与机遇

第一节　东北亚地区汉语言文化传播的思考

一、汉语言文化传播的内在优势

（一）汉语传播具有跨语音融合性

在漫长的历史发展过程中，中华民族经历了多次民族融合，中华文化具有兼容并蓄的特点，此为汉语具有融合性根源之一。汉语从大的历史阶段来分，包括古代汉语和现代汉语。现代汉语广义上是指现代汉民族所使用的普通话和方言。狭义的现代汉语指普通话，包括口语和书面语两个系统，现代汉语也是多种方言的融合，此为汉语具有融合性根源之二。古代汉语是五四前历代汉族人民所使用的用文字记录的语言，包括以先秦口语为基础而形成的文言和六朝以后以北方话为基础形成的古白话。古代汉语是文言和白话不同语言表现形式的融合，此为汉语具有融合性根源之三。从汉语自身的发展历程可见，汉语这一语言本体具有极强的融合性，因而其历经时代和社会的变迁，仍具有鲜活的生命力，这也是汉语传播的重要基础。历史上由于人文地理等因素，汉语传播的效力受到一定限制，但随着大一统国家的建立，在国家推动下，汉语因其融合性传播迅速。汉语在古代就已经实现了由内及外的跨国传播，在不同国家和地区有不同的称谓，在东南亚的马来西亚和新加坡等地被称为"中文""华语"，在东北亚的日本、韩国等地被称为"中国语"，在欧美地区还有"唐话""中国话"等称呼。历史上，汉语在有些地区已经与当地语言相融合，出现了一批与汉语词形相同而表达本土语言读音或意义的词，这也是汉语具有融合性的重要表现。例如：

> 月牙：新月，指农历月初形状如钩的月亮。[①]
> 月牙：牙之圆锐者。[②]

中国古代文献中"月牙"也用作"月芽"，汉语中的"月牙"是一个合成词，用来形容月亮的形态，语义重心在"月"。在朝鲜时代的词典《才物谱》中"月牙"与门牙、虎牙、重牙等排列在一起，其语义重点在"牙"，形容牙的状态，意思是"如月一样形状的锐利的牙"。在中韩两国的词汇系统中，"月牙"一词均存在，其具有共同的义素特征［＋性状］，但汉语在传播的过程中发生了变化，虽然词形相同，但语义已变。由此可见，汉语已经融入当地的语言系统中，这是汉语深度传播的体现。

（二）汉字传播具有跨时空融合性

汉字形、音、义三位一体，是表意体系的自源文字，其与汉语密切

---

① 汉语大词典编辑委员会.《汉语大词典》［M］.上海：汉语大词典出版社，1990（6）.
② 李晚永.《才物谱·卷二·人谱》，［M］.首尔：国立中央图书馆藏本，1798.

相连，是用来记录汉语的工具。汉字具有表音文字无法比拟的优越性，可以说"汉字的最大长处就是能够超越空间和时间的限制"[①]。汉字本身的这种跨时空性打破了语音传播樊篱，尤其是在多方言环境中，统一的便于沟通的汉字体系极为重要。而且汉字本身也是不断发展进化的，汉字系统并不停滞于表意体系，汉字早在甲骨文时代就有大量的形声字，音义兼具，不断完善。汉字性质是复杂的，汉字不断尝试着朝人们理想中的文字形态发展，这是汉字传播的内在优势。在汉语、汉文化传播的过程中，汉字起到了非常重要的媒介作用。汉字的使用早已不限于汉民族，历史上，当中国成为一个统一的多民族国家后，汉字逐渐通行于各地区，跨越各地方言，实现了快速传播；同时汉字也走出国门，实现了跨国传播。

历史上汉字向外传播主要有三条路线。"一条向南传到广西壮族和越南京族，产生了壮字和喃字；一条向东传到朝鲜半岛和日本，产生了谚文和假名；一条向北产生了契丹字、女真字和西夏字。"[②]以朝鲜半岛为例，朝鲜历史上有很长一段时间没有自己的文字，在保留自己本民族语言的同时以汉字为通用文字。汉字的引入和长期使用，对朝鲜半岛国家的语言文化发展起到了非常重要的推动作用。有了汉字，朝鲜半岛始有文字记载的历史典籍，著名的历史文献《三国史记》《朝鲜王朝实录》等都是用汉字写成的。汉字对日本也有深远的影响，在汉字传播到日本以前，日本没有自己的文字。公元7—8世纪，日本借用汉字的声符，创立

---

① 朱德熙.汉语，载语法丛稿［M］.上海：上海教育出版社，1990（1）：201.

② 李得春，金基石.汉字文化与朝鲜汉字［J］.东疆学刊，1997（3）：44–51.

了万叶假名，后来又根据汉字的偏旁和草书创立了片假名和平假名，由此日本完成了本土文字的创立。日本本土文字产生后，使用过程中仍夹杂着许多汉字。日本的《古事记》《万叶集》也是用汉字记录的，日本的《大汉和词典》中收录4.9万多个汉字。虽然日本明治维新后向西方靠拢，但是皇家重要文献仍然使用汉字。

通过新中国成立初期的扫盲运动和多年来的义务教育，汉字使用已经在国内普及并逐渐规范；在国际上，汉字已融入日、韩、越、新等国家的社会生活，汉字也有汉文、华文、唐文等称呼，但是形、音、义都有了不同程度的变化。例如，《才物谱》中用"豚养媳妇"记录"童养媳"，用"八散胡"记录"爬山虎"，都是取用与本土语音更为相近的汉字来记录词。也会以汉字为基础创造新的固有汉字，对自己民族固有的语音进行标记。

例如，朝鲜半岛咸镜北道会宁郡的一个地方"乫下"被称为"볼하"。《才物谱·卷一·地谱》为了记录韩语中的"볼"［bol］音，通过"合字造字法"来把"甫"和"乙"两个字合起来新造了本土固有字"乫"。然后用这些新造字来记录符合于本土发音的词。

这些汉字新用及新造字，充分体现了汉字的跨时空性，在传播过程中实现了与本土文字的深度融合。

（三）汉文化传播具有跨民族融合性

"文化"一词被大家所熟知，但学术界对"文化"的阐释一直存在争议。"文化"最初来源于拉丁文 cultura，指人类制造的事物。此后，"文化"的内涵和外延随历史的变迁而不断发生变化。"文化"从广义上理解应包含物质文化和精神文化，它是与"自然"相对的，是人类自身创造的成果，属于全人类共有，即"文化是社会成员共同拥有的生活方式和共同创造的事物，以及基于生活方式而形成的心理和行为"①。文化是人类在发展、进化过程中世代相传的行为，文化促进社会和个体生存、发展。

文化是特定群体和社会成员共同创造并接受的，文化往往以民族的形式出现。"汉文化"是中国历史上以汉民族为主体的各族人民创造的物质文化和精神文化的总汇，是世界上最古老的文化之一，它具有鲜明的中华民族特色，所以也被称为"华夏文化""中华文化"。汉语言文字是汉文化的载体，其本身也是汉文化的重要组成部分。汉文化的发展在汉语言文字中留有印记，中国人的认知方式和价值观念也是构成汉语言文字的重要理据。汉文化内所有成员有共同的语言、共同的心理素质和共同的风俗习惯。汉文化传播具有跨民族的融合性，实现了跨文化传播，即实现了"不同文化之间以及处于不同文化背景的社会成员之间的交往与互动"②，进而实现了国际传播。国际传播的客体是海外受众，是跨国界的信息交流与分享，不仅是传播受众文化不同，传播的语言文化内容和方式等也会产生相应的变化。

汉文化早期国际传播跟经济贸易、技术交流和文化教育关系密切，

---

① 戴庆厦.社会语言学概论［M］.北京：商务印书馆，2004（11）：127.
② 杨海洋.互动与冲突：新媒体时代跨文化传播行为研究——以美国社交网站Facebook为例，今传媒［J］.2013（3）：60-61.

古代中国先进的科学技术以汉语言文字为媒介进行传播。最早接受汉文化的都是与我国地壤相接的国家。汉语言文化最先传到朝鲜半岛，对半岛语言文学、艺术生活、科学技术及意识形态的发展都产生了巨大影响。而当中国的水稻栽培和金属制造等技术从朝鲜半岛传入日本，汉语言文化也随之传入，中国的文化典籍、孔孟之道、中医历法等极大地丰富了日本的文化和科学技术宝库。秦始皇在古越南设象郡，迁徙大量移民与当地人杂居；汉武帝平定南越，分置九郡，汉语言文化开始对当地京族人产生影响。

汉籍所代表的汉文化对朝鲜半岛影响最大的就是儒家文化。朝鲜王朝统治者推崇儒学，使儒学成为唯一正统思想。儒家思想是古代很多汉字类文献的灵魂，贯彻始终，儒家经典文献以及儒家学派代表人物所撰的文献成为主导。

我们以《才物谱·天谱》为例，其征引文献条目共 64 处，最多的是【毛】(《毛诗故训传》) 13 处、【尔】(《尔雅》) 12 处，超过天谱征引文献条目总量的三分之一。《才物谱》征引别集类文献几乎都出自唐宋时期，尤其是韩愈、杜甫、李白的诗词。韩愈最多，有 19 处，其次是苏轼 15 处，而与韩愈齐名的柳宗元却没有一处。产生这种现象，除了与唐宋王朝在文化上占有制高点有关外，还与儒家思想有关。韩愈是唐代儒家思想的代表人物，推崇孔孟，排斥佛道思想，主张恢复儒家的正统地位；柳宗元的思想则比较自由，其思想中有革新的成分，不是那么严格地推崇儒家，自然不受儒家弟子的推崇；而王安石，在朝鲜时代也不受士大夫们的欢迎，其变法革新的思想蕴含法家的成分，因而在儒家一统天下的朝鲜王朝，柳宗元、王安石的著作自然不像韩愈那么受重视。朝鲜王朝中期全力推行程朱理学，这种推崇达到了前所未有的高度。朝鲜将朱子学定为国学，朱子在政治、文化、伦理道德等方面对朝鲜社会产生了深远影响。《才物谱》征引文献涉及朱熹的有六部，《诗集传》《宋名臣言行录》《朱子大全》《朱子家礼》《小学》《资治通鉴纲目》，从书目种类上来说没有哪个人能出其右。《资治通鉴纲目》是朱熹生前未完成的著作，由其门人赵师渊续编完成。由于该书没有做原始数据的收集整理，只是对司马光的正统观进行修订，同时加入自己的观念和解释，所以中国学者一般并不十分看重该书。但《才物谱》对《资治通鉴》仅征引 1 处，而朱熹的《资治通鉴纲目》则达到 59 处，对朱熹的推崇可见一斑。17 世纪以后，朝鲜王朝儒学逐渐被以实事求是为学风、以实学为方法的"经世致用"实学所取代，实学家们把实用之学扩大到天文、地理、历史、数学、医学、农学、文学、语言等广泛领域。任何一种思潮的形成都有其特定的历史背景与现实需求。朝鲜实学正是在中国实学思潮的影响下，在朝鲜王朝特定的历史背景下产生的，是时代精神的集中反映。实学源自中国，脱胎于儒家学派，明末清初的中国实学则是以经世致用的形式出现的，具体表现为两个方面：一方面，对理学的空谈心性而言，主张经世致用；对理学的束书不观而言，主张回归儒家经典。① 自古以来，韩国、日本等东方国家深受中国儒家思想和学风的影响，中国实学进入朝鲜王朝后，逐渐与本土文化相融合，形成韩国实学。17 世纪，朝鲜王朝呈现衰退之势，国内社会矛盾加剧，一度占据统治地位的性理之

---

① 王杰. 论明清之际的经世实学思潮［J］. 文史哲，2001（4）：44–50.

学与社会现实之间的差距逐渐加大，慢慢成为党派斗争的工具。另一方面，中国的实学和西方传入的西学也在冲击着朝鲜王朝的统治阶层。在这种双重影响下，朝鲜实学诞生。学者们以实事求是为研究方法，以实用对象为研究内容，以经世致用为研究目的，其中历史学、地理学和金石学方面的比重较大。潘畅和认为"在以儒学为主流文化的韩国，实学既是一以贯之于儒学发展历史的一般概念，又是在反思与批判儒学文化的过程中产生和发展的特殊称谓"①。自此开始约300年间，经世致用的实学对朝鲜影响深远，逐渐成为主流社会思潮，其代表人物为金堉、李瀷、朴趾源、丁若镛等。朝鲜王朝后期，受实学思潮的影响，当时很多学者自发地著书立说，诞生了一批经世致用的类书。相较于以往的类书，这些类书不仅仅是为诗文而作，其对韩国历史、典故、语言等方面的关注，更丰富了类书的内容，其中一部分已具有现代词典特征，属于百科词典。韩国现代仍尊崇儒学，保留大量儒学文献，对汉字传播有很好的推动作用。现在传播于世界各地的孔子学院已经将儒学文化传承开来，汉字传播也要乘着儒学文化的东风，继往开来。佛道文化也是经由中国传入朝鲜半岛的，作为儒家文化的辅助而存在。佛道两教都占有一席之地。虽然儒学是当时朝鲜社会的主流，但当时儒、佛、道三家并存，佛道文化对朝鲜半岛的影响也是颇深的。佛教在高丽和三国时期比较兴盛，到朝鲜王朝时期逐渐衰落，佛教界充斥颓废之风，僧侣不再致力于顿悟渐修，民众热衷于祈福灭灾。朝鲜王朝建立之后，为了巩固自己的统治，

---

① 潘畅和.韩国实学及其哲学思想意义，实学研究第一辑，2011（7），国际会议.

国家开始推行抑佛扬儒的政策。不过社会仍然受到佛教文化的影响，特别是佛教的一些教理，如慈悲等还是受尊重的。这些宗教类经典也是用汉字记录的，现在韩国人诵读的佛经有汉字记录和颜文翻译。人们在接受这种宗教教义的同时也自觉接触、接受汉字。

目前世界上经官方认证、正式使用汉字的国家共有 4 个，中国、韩国、日本和新加坡，有学者提出了"东亚汉字文化圈"的概念。"东亚"是一个模糊的地理概念，"东亚汉字文化圈"国家主要包括中国、朝鲜、韩国、日本、越南等东亚国家，也是汉文化最早传播的区域。"汉字文化"是一个文化概念，这些国家和地区有共同的汉字文化因素，所使用的汉字虽然各具特色，却有着千丝万缕的联系。

自夏、商、周三代起，中华文明形成以后不断向外传播，逐渐凝聚成"汉字文化圈"。"汉字文化圈"指历史上受汉文化影响，曾经或现在仍然使用汉字、以汉字为文化传播载体，并承袭汉文化传统的国家和区域的统称。历史上的"汉字文化圈"从地理上来说，主要包括汉字的诞生地大中华地区、朝鲜半岛、日本、越南、新加坡，以及东南亚的马来西亚、印度尼西亚、泰国等国的华人聚居地区；从文化上来说，这些国家和地区曾全部或与本国固有文字混合使用汉字，其贵族阶层及知识分子多使用汉字作为书写工具，其语言大量借用古汉语词汇，以文言文为书面语言，如韩国、越南、日本六成以上的词汇都是由汉字词组成的。"汉字文化圈"具有鲜明的东方特色，受儒家思想影响深，又称为"儒家文化圈"。文化的边界是模糊的，总是处于不断发展变化中的。现代"汉字文化圈"的外延不断扩大，世界上任何有华人的地区、对汉文化有需求的地区都是"汉文化圈"到达或即将到达的区域。"汉文化圈"逐渐成为一个精神符号。

二、汉语言文化传播的外部影响因素

传播在人类生活中具有普遍性，传播对于人类发展大到国际交流、小到人与人之间的个体交流，都是重要且复杂的。汉语言文化传播过程涉及不同文化之间甚至是不同国家和民族之间的各种社会关系，研究涉及不同文化的社会结构、社会价值取向、人民思维和生活方式的调适和变迁。这就要求我们考虑影响汉语言文化传播的影响因素，要在历史和现实的变化中探求跨文化、跨国家传播的方法，让传播效益最大化。

（一）地理环境是天然优势

最初汉语言文化传播的影响因素中，自然地理因素占据重要位置。我们不能忽视自然地理环境对文化传播的影响，越是早期，自然地理环境对文化传播的限制越大。"任何一种环境在一定程度上总要迫使人们接受一种生活方式。"[①]古代中国最初的自然环境是封闭的大陆，受自然气候、交通不便等环境的影响，汉语言文化传播的区域首先是与我国接壤的地区。朝鲜半岛因为与中国山水相接，借助这一地理优势，汉语言文化最早传到了朝鲜半岛。朝鲜半岛上的国家成为与中国语言文化交流历

---

① 雷蒙德·弗思.人文类型，费孝通译［M］.北京：华夏出版社，2002（1）：33.

史最悠久、关系最密切的国家之一。随着科技的发展,地理自然因素不断弱化,但传统的自然地理优势依然存在。目前为止,东亚汉字文化圈仍是汉语言文化传播最成熟的区域。

(二)国家实力是决定因素

语言文化的流向、流量是国家实力的外在表现。汉语言文化的传播历史表明汉语言文化传播从来不是征服、强制、占有,但对语言文化的接纳很大程度上与政治、经济、文化有密切关系。随着中国国家实力显著提高,中国的发展不仅没有损害周边国家及其他国家的利益,而且还使其从中不同程度地获益,汉语言文化自然对其他国家形成文化感召力,吸引这些国家和地区主动接受汉语言文化。国家行为对汉语言文化传播有至关重要的作用。

历史上,隋唐时期是汉语言文化传播的高峰,影响最为深远。隋朝时期,朝鲜半岛首次出现统一的王国——新罗,唐设安东都护府于平壤。新罗政治、经济制度全仿唐制;文化上,科举考试指定的书籍是儒家经典,新罗派遣大量留学生至长安太学学习。除了文史类文献,中国的很多农、医、地理等自然科学文献也进入朝鲜半岛。朝鲜王朝后期,汉文化已经完全被朝鲜民族文化吸收、融合,成为朝鲜文化的核心部分,文人士大夫的接受度也很高。隋唐时代,日本也逐渐进入主动、直接吸收汉文化的时期,隋唐是日本历史上吸收汉文化最多、最快的时期。日本天皇的名称、"日本"国号的确立、中央和地方的官制、考试制度、土地田赋制度、艺术娱乐等也多以唐制为蓝本,从现代奈良、京都保留的古建筑中仍可见唐式文化的影响。

当中国实力减弱，汉文化进入衰退期后，整个东亚汉字文化圈发生了重大变化。越南的国语字被后来统治越南的法国殖民当局在学校中广泛推广，取代了传统的汉字和喃字。朝鲜王朝世宗大王创造的谚文被普遍使用，到朝鲜王朝末期，政府正式颁布"使用国汉文混合体"的法令，这一时期汉字的数量减少，混合体使用的范围也在缩小。韩国独立后，政府提倡韩文专用政策，汉字从媒介中消失，人们失去了使用汉字的机会。汉字在韩国使用了近 2000 年，韩国历史、文学等书籍基本上都是用汉字记录的，所以废除汉字实际上等于废除了韩国的历史。虽然此后韩国政府的韩文专用政策有所软化，允许教科书、公文等可以韩文汉文并记，现在普通教科书上仍然很难看到汉字，其他读物，例如报纸、公文里也无法实现韩文汉字并记。

随着中国综合国力的增强以及欧洲共同体成立的启示，东亚共同体建立的呼声也逐渐提高。作为东亚曾经的通用文字——汉字的重要性被重新评估。那些过去属于汉字文化圈而在近代丢掉了汉字的国家，也逐步意识到汉字的重要性，汉字复活的呼声也越来越高。

（三）人才培养是传播基石

汉语言文化传播在很大程度上还是有赖于教育的实施，要借助教育培养汉语言文化传播人才，因而学校教育仍是我们传播的主阵地，集中教学是传播的主要办法，适当的教学资料是传播的必备条件。

朝鲜半岛历代统治者重视汉语言文化人才的培养。如朝鲜三国时期的高丽、新罗、百济都从官方途径建立了教育制度，促进了汉语言文化的传播。新罗设立了专门掌管汉语言文化传播和运用的官职，并开始使用汉字来编修史书，到景德王时期全面输入唐朝的文化及典籍制度。高丽最早建立太学，开展儒学教育，实行科举制，学习汉语言文化成了从政升官的途径。汉文成为高丽统治阶级及其知识分子通用的书面语。高丽设置平民学校——扃堂，还专门在朝廷中设立了讲授、传习汉语言文化的机构"汉文都监"，为高丽培养大量的人才，为推动汉语言文化在高丽的应用起到了重要作用。朝鲜王朝设立了司译院、偶语厅、承文院，大力培养翻译人才，引进多部中国辞书。除此之外，还通过多种渠道学习汉语，如：派遣遣明使、质正官赴明朝学习，向明朝来的使节学习，聘请中国人授课等，这些教育手段使汉语言文化得到空前的普及。汉语、汉字类教科书也成为普及汉语言文化的必备之物，扃堂所用教材有《史记》《玉篇》《字林》等。朝鲜最有价值的汉语教材《老乞大》《朴通事》也应运而生。它们主要教授当时中国北方的口语，课文内容是朝鲜人到中国做生意时的所见所闻。教材充分体现了口语性、趣味性等特点。制定有针对性的汉字教学教材是势在必行的。

为了弥补韩文专用后汉字教育的缺失，韩国教育部门选定教育用基础汉字 1800 字，规定初中、高中各教 900 个汉字。在大学新开设汉文教育系，以培养汉语教师。韩国各大学开设了汉文选修课，韩国初中、高中也普遍开设汉文课程。2000 年承认了汉字考级考试的国家认证资格。大学和高中在录取学生时，获得汉字考试规定等级证书的学生可以得到加分。这一系列措施都为汉语言文化传播人才的储备提供了保障。

（四）本土融合是发展方向

文化是稳定的，也是发展变化的。每种文化都具有稳定性，包括其社会规范、道德观念、价值取向等。当面临外部文化冲击时，本土文化最初常常是以抵御的姿态迎接的，但也可以通过吸收、变通等机制保持自身结构的稳定和平衡。汉语言文化传播不是入侵其他文化，其最终发展方向是与本土文化融合、合作共赢，文化融合的结果就是互通有无。

汉语言文化的一些既有内容在传播过程中被其他文化消解、同化，有的直接被别国移植，逐渐形成一种新的特色文化。这种本土化融合包括表层文化结构的融合，如衣食住行；也包括深层文化结构的融合，如语言文字、价值观念、宗教信仰等。从汉语言文化传播的历史来看，传播最好的区域无不实现了这种融合。以服饰为例，汉服经过几代人的发展，唐朝和明朝是设计的两个巅峰时期。日本从三国时期改进制衣技术后，又结合唐服的特点，设计出了融合本民族特色的和服。李氏朝鲜上层官员的服饰最初基本都是按照大明官员的服饰定做的，而韩服是在高丽王朝时期初见雏形。李氏朝鲜在吸收明朝服饰文化的基础上，融合了本土文化，朝鲜民族有了具有自己特色的民族服装。

没有一个民族对外来文化只全盘接受而不做任何改变，汉字、汉文化的传播也是如此。在文字传播过程中有一些要素非常值得我们关注：传出文字发展的阶段和性质，"接受"集团原先的文字状况，两个集团语言上的关系以及传播的结果。一般认为古代朝鲜和日本只有本民族语言，没有本民族文字，朝鲜属于原先无文字的接受集团，语言与汉语语系不同。汉字传播到朝鲜半岛并不是一成不变的，而是在这个过程中发生了变异。原有汉字的形音义以及文化内涵都在悄然发生变化,逐渐与本土文化相融合,更适应朝鲜民族的审美取向,反映朝鲜半岛的文化内涵,由此诞生了一大批本国固有汉字以及不同于中国汉字的俗字,朝鲜王朝后期诞生的汉字类文献都是中朝语言文化融合的典范。

"所谓俗字,是区别于正字而言的一种通俗字体。"[①]俗字相对于正字而言,没有正字就无所谓俗字。汉字文化圈各国对"俗字"的定义,仁者见仁智者见智。汉字在传播到朝鲜半岛的过程中,作为其重要组成部分的俗字也随之传入,加之受朝鲜语的影响,由此形成了"本土俗字",朝鲜俗字亦是汉字在发展传播过程中产生的重要变异形体之一。汉字有向表音方向发展的趋向,朝鲜对汉字改造时也充分利用了这一点,由朝文承担其表音功能,而表意功能则由汉字本身承担,新造字中很多都体现了这点,如:羊,繁体汉字为"聲",义符为"耳",声符为"殸"。朝鲜俗字对汉字进行改造,先将"聲"原有的义符"耳"去掉,再将表示声音的"殸"进行改造,将"殸"的义符"殳"替换成"羊"。"殳"指兵器,在敌对意义上与"殸"有关系,在表示声音的时候则没有关系。而"羊"表示"祥"也,吉祥的声音当然比杀敌的声音更符合朝鲜王朝时期广受儒家文化影响的人们的审美习惯。

(五)传播媒介是助推动力

中国和朝鲜半岛上的国家地域相邻,两国之间的交往一直非常密切。汉文化,从中古时代就传到朝鲜半岛。在很长一段时间内,中朝之间保

---

① 张涌泉.汉语俗字研究(增订本)[M].北京:商务印书馆,2010(1):122-123.

持着宗藩关系，互派使节和留学生，中国的政治、经济、文化制度和思想随着汉籍和学者、使节进入朝鲜半岛，奠定了朝鲜半岛文化的基础。以汉籍为代表的汉文化深刻地影响着朝鲜半岛。历史上汉籍输入朝鲜半岛出现过三次高峰，首次出现在隋唐时期，其次是宋元时期，最后是明初期（朝鲜王朝初期）。尤其是第三次高峰，影响最为深远，无论是范围上还是数量上都超过了前代。朝鲜王朝后期，汉文化已经完全被朝鲜民族文化吸收、融合，成为朝鲜文化的核心部分，文人士大夫的接受度也很高。朝鲜王朝一方面大量进口和翻刻汉籍，另一方面令朝鲜的名儒编写各类辞书。因为辞书编撰的一个重要目的就是教育国民，维护国家的正统思想，是国家文化力量的一种象征。最早在这块土地上诞生的辞书主要是一些汉字类字书，如《训蒙字会》（1527）、《新增类合》（1576）等。为了进一步研习汉籍，学者们开始对其中的字、词等内容进行注释。从 16 世纪开始到 19 世纪中叶，朝鲜王朝开始进行大规模的辞书整理和编撰，朝鲜半岛此时的文化传播呈现出兼容并蓄的特点。在韩国第一部物名类词书《才物谱》中，词汇中所占比重最大的还是汉源汉字词，书写形式也以汉字为主，反映最多的是汉文化。以汉字记录的汉籍是汉文化传承的媒介，文字是语言文化的记录，汉字本身也是汉文化。韩国之所以对汉字的接受度这么高，首先是其对汉文化的认可和接受。文化是先导，因而在汉字向世界传播过程中，不能仅局限在汉字形音义的本体教育，而是一定要融合进汉文化的整体领域中，在被传播者主动接受汉文化的过程中，自觉地接纳汉字。这是重要的指导思想，是不可以本末倒置的。

第二节　汉语言文化传播的新机遇

文化贯通过去与未来的历史，历史是理解文化的中介，是文化中的深层结构要素；文化现实是历史的延续，现实中的文化现象都能在历史中寻找到其存在、演变的痕迹，事物在传播过程中总会有新变化。在当今全球化背景下，政治、经济、技术、贸易、文化的交流比以往任何时候都更加频繁和密切，语言文化的作用日益突出。改革开放以来，中国经济实力和综合国力不断增强，在国际事务中发挥的作用也越来越大，国际影响力与日俱增，同时高达 14 亿的中国人口总数意味着巨大的市场和无限的商机，这些都吸引着世界的目光。汉语言文化在国际交往中的地位也随之提高，作用不断加大。中国需要其他国家、民族的语言文化，世界也需要汉语言文化，因此汉语言文化传播在当今世界具有不同于以往的重要意义。汉语言文化传播不仅仅是一种单纯的语言文化扩散行为，同时也是国家和地区利益之所在。

一、"一带一路"改变了汉语言文化传播的态势

（一）汉语言文化传播是"一带一路"的重要内容

"一带一路"背景下，语言文化建设发挥了重要作用。语言融通、文

化认同、彼此信任是"一带一路"倡议实现的先导工程，是沟通合作的基础条件。语言文化的交流合作有利于降低贸易往来成本，有利于民心相通，为各国友好合作打下基础。

"一带一路"沿线国家语言种类多，语言资源丰富，语言状况复杂。沿线国家外语状况呈现出两个特点：一是英语已经成为"一带一路"沿线国家最重要的外语，汉语也日益受到重视。二是区域性和地缘性较为显著。加快"一带一路"背景下语言文化建设策略的研究，开展"一带一路"沿线国家和地区语言政策的国别和区域研究，以提升关于我国语言政策的理论解释力，从语言文化的角度进一步丰富"一带一路"开放包容、合作发展、互利共赢的理念。

"一带一路"倡议是我国与沿线各国、各地区加强经贸合作，促进人文交流的重要战略举措，备受国内外的关注，给我国政治、外交、经济、文化、教育等多个行业和领域带来了前所未有的发展机遇和挑战。我国政府积极推动"一带一路"，加强与沿线国家的沟通磋商，推动与沿线国家的务实合作，实施了一系列政策措施，与部分国家签署了共建"一带一路"合作备忘录，与一些毗邻国家签署了地区合作和边境合作的备忘录以及经贸合作中长期发展规划。我国研究编制与一些毗邻国家的地区合作规划纲要。加强与沿线有关国家的沟通磋商，在包括人文交流在内的多领域进行合作交流，推进了一批条件成熟的重点合作项目，汉语言文化也在越来越多的国家和地区中传播。

（二）"一带一路"拓宽了汉语言文化跨国传播的渠道

"一带一路"历经 9 年发展，目前宏大规模，越来越多的国家和地区加入该框架中，各国联系越来越密切，交往越来越频繁。随着官方和民间的多渠道交流，汉语言文化跨国传播的渠道逐渐拓宽。汉语言文化通过"一带一路"沿线的建设走出国门，构建起跨语言文化的发展情境，让国内外的人才得以在更加开放、开阔的平台上进行各方面的交流和合作，促进其他国家和地区人才对中华语言文化的认知与了解。具体来说，"一带一路"倡议的提出，给东北亚地区的发展带来了巨大的发展空间，越来越多的人开始主动地进入中国，主动地了解我国的历史、文化、语言，这些现象都很好地促进了汉语言文化快速发展，为汉语言文化的跨国交流和合作打通渠道、搭建平台，更好更快地构建了开放、包容的语言文化沟通和交流格局。

（三）"一带一路"为汉语言文化传播提供了一体化发展的土壤

"一带一路"倡议通过经济、社会、文化、教育等其他措施的协同建设，全面保障了汉语言文化对外传播的持续性和有效性。而在"一带一路"的发展建设中，消除误解，减少文化冲突是重要的关键点，要想做到这一点，我国需要在政治、经济、文化、教育、文娱体育等各个方面进行主动沟通与交流，塑造良好的对外交流形象。所以，"一带一路"背景下的汉语言文化对外传播并不是孤立的，而是和其他政治交流、社会交流、文娱体育交流等协同发展的，它们彼此补充，彼此拓展，让汉语言文化的交流得以覆盖面更广、渗透性更强地融入"一带一路"沿线国家之间的交流与合作当中，继而切实保障汉语言文化传播的持续性和有效性。

"一带一路"发展以来，我国的汉语言文化对外传播进行了许多创新性的尝试，在理论研究、实践探索等方面都有所进步和发展。目前来看，"一带一路"背景下汉语言文化对外传播的现状主要呈现以下特点：

第一，汉语言文化对外传播在"一带一路"之后获得了巨大的关注，这种转变具有浓厚的政策引导性质，换句话说，"一带一路"背景下的汉语言文化对外传播可以借助国家发展战略的推行和政策的实施，控制汉语言文化对外传播的风险，加快汉语言文化在"一带一路"沿线国家和地区高质量传播。但在实践过程中，人们很难使政策战略的变化与汉语言文化对外传播的探索保持一致的步伐，对此，汉语言文化对外传播需要在研读国家政策和支持的同时，根据自身的发展需求和经验，发现问题，并向其他主体共同寻求问题的解决之法，聚集政府、企业、国际教育高校、教师等主体的共同合力，推进汉语言文化对外传播与时俱进地创新发展。

第二，"一带一路"背景下的汉语言文化对外传播呈现出了显著的跨学科特点，包括政治、经济、历史民俗、文化艺术、娱乐体育等多个领域，相关的理论研究成果和实践经验不断丰富，但这些跨学科的研究持续时间较短，许多理论与经验还缺乏一定的广度和深度，还需要在实践中反复检验与优化，也就是说，"一带一路"背景下的汉语言文化对外传播不仅要充分融入跨学科、跨国家地区、跨文化的时代发展背景当中，加快彼此之间理论成果和实践经验的交流，也要关注自身的成就和不足，并针对自身的不足进行及时的、深入的研讨与改进，以期凭借更加科学、专业、高质量的汉语言文化传播内容和形式提升汉语言文化在"一带一路"沿线国家和地区，乃至在全球的影响力。

第三，"一带一路"背景下汉语言文化的对外传播不仅承担着"走出去"的重任，还承担着构建中国国际话语体系的时代责任，只有真正地奔着特色化的中国国际话语体系构建而去，汉语言文化的对外传播才能够有充分的支撑力和核心价值，增强汉语言文化的国际传播感召力，塑造良好的中国国际形象。当然，构建中国国际话语体系是相对较高、较远的目标，要想达到这一点，汉语言文化的对外传播工作还需要进一步细分各个阶段的目标与任务。但显然，汉语言文化的对外传播还缺乏系统化的、层次化的目标设置，鉴于此，如何科学设置汉语言文化对话传播的目标和预期效果，是推进汉语言文化对外传播工作的重要基础和前提，需要得到更多的关注和重视。

二、新媒体改变了汉语言文化传播的格局

新媒体是相对于传统媒体而言的，是一个动态的概念。相对于纸质报纸、杂志等以视觉传递信息的平面媒体，以及广播、电视等视觉和听觉传播信息的电波媒体等传统媒体，数字、光纤、网络等新技术体系支撑下出现的新媒介形态——新媒体，表现形式更加多样，包括门户网站、虚拟社区、电子公告板等在内的网络媒体，手机电子报、手机电视、短

信、微信等在内的手机媒体，数字电视、移动电视在内的电视新媒体等。

（一）汉语言文化在新媒体语境中衍化

语境是语言环境的简称，是人们用语言进行交际时的具体环境。语境有狭义和广义之分，"广义的语境指使用语言进行交际时的具体场合及语言交际的背景等，包括人的身份、场合、社会历史环境等各种因素"[①]。本课题所涉及的新媒体语境属于广义语境，"为基于现代高新科技支撑的新媒体不断发展而延伸出的使用者在虚拟媒体情态中平等建立话语、使用话语的信息交换环境"[②]，是虚拟与现实交互的新融合。新媒体语境下，部分原有信息被二次加工，突破固有规则和使用习惯，被赋予新的内涵，新媒体语言文化应运而生，改变了全球语言文化的格局。

在汉语言文化国际传播过程中，门户网站、社交平台等新媒体都可能是诞生新语言文化的场所。这些新媒体语境下产生的语言文化，极具现代活力，展示出汉语言文化的不同可能性，具有刻画时代的能力。根据其产生来源，主要归为以下两类：一是源于社会大事件的新媒体语言文化。由于新媒体的发展，信息传播形成一种巨大的力量，影响着受众的思维和生活。特别是国际传播中，新媒体能最大限度地超越空间局限，发挥时间优势，汇聚世界各地的信息，显示其传递、沟通和共享的强大功能，已经成为汉语言文化国际传播的主要手段。一些社会大事件，在

---

① 罗·亨·罗宾斯. 普通语言学概论. 李振麟，胡伟民译 [M]. 上海：上海译文出版，1986（5）：39-47.

② 刘赛男. 新媒体语境下网络语言的传播与社会文化考察 [J]. 视听，2017（3）：98-100.

新媒体语境下经过再加工创造，生发出新语言文化内容。比如"APEC"
是"Asia-Pacific Economic Cooperation"的缩写，即亚洲太平洋经济合作
组织的简称——亚太经合组织。2001 年，"APEC"会议首次在中国举办，
"APEC"作为一个新词语，出现在大众传媒上，保留英文书写，被直接
以原发音的形式使用。2014 年"APEC"会议再次来到中国，恰逢新媒
体快速发展，"APEC"经过新媒体的传播，迅速占据头条，成为网络热
词，国内外传播受众齐齐加入对"APEC"的二次创造。如"APEC 蓝"，
指 2014 年"APEC"会议期间，北京空气质量良好，这种蓝天被大众定
义为"APEC 蓝"，此后被广泛应用于其他媒体。二是源于既有语言文
化的新语境表达。语言中的既有词语被某一媒体使用，被与其表达背景
相关的特定群体熟知；接着该词进入多个新媒体，引起更多的关注，成
为"网红"，逐渐完成新语境表达。以"长臂管辖"为例，一个原本陌
生的美国法律词语，很快成为爆红的中国媒体"新词"。原指"当被告
的住所不在法院所在的州，但和该州有某种最低限度的联系，而且所提
权利要求的产生又和这种联系有关时，就该项权利而言，该州对于该被
告有属人管辖权（虽然他的住所不在该州），可以在州外对被告发出传
票"①。2016 年起我国网络媒体上"长臂管辖"频频出现，被赋予了新的
意义，借以传播中国文化，易于国外受众理解，有利于汉语言文化国际
传播。由于新媒体的运用，大量的符号被引用、借用，语言分化的趋势
越加明显，一定程度上，还会产生语言文化趋同现象。由此可见，新媒

---

① 孟鑫.长臂管辖原则在美国的晚近发展［J］.学术争鸣，2016（3）：195–196.

体语境下的语言文化和传统语言文化体系并不是完全对立的关系，而是存在辩证的统一关系。

（二）新媒体为汉语言文化传播提供了新模式

传播是一种文化共享过程，人类传播的最大系统就是文化本身。在传播过程中，文化中的知识技术和思想经验也在丰富和发展，并启动新的文化创造过程，构建一种新型的社会文化关系和新的认识框架。媒介是传播方式、传播手段的具体化。语言文化在传播过程中需要通过一种或多种媒介进行传播。技术是文化发展和传播的推动力，"持续革新的技术影响了全球范围内信息流动的方向、数量和结构，也在推动全球社会中的社会关系和社会交往现实的结构性转变"①。新媒体构建了"数字化"的传播网络，使汉语言文化传播在媒介选择、传播主客体、传播模式、传播内容和传播影响力方面都发生了巨大变化：

1. 传播媒介的多元性与开放性

新媒体是相对于传统媒体而言的，是一个动态的概念。相对于纸质报纸、杂志等以视觉传递信息的平面媒体，以及广播、电视等以视觉和听觉传播信息的电波媒体等传统媒体，以数字、光纤、网络等新技术体系支撑下出现的新媒介形态——新媒体，表现形式更加多样，包括门户网站、虚拟社区、电子公告板等在内的网络媒体，手机电子报、手机电视、短信、微信等在内的手机媒体，数字电视、移动电视在内的电视新

---

① 孙英春.跨文化传播学［M］.北京：北京大学出版社，2015（2）：57.

媒体等。新媒体是开放的，是面对所有受众的，扩大了汉语言文化的传播范围。它的出现和发展打破了传统媒介间的壁垒，也消解了国家、地域间的边界，有效地实现了更广泛意义上的信息融合，从而使汉语言文化的开放、多元传播成为现实。

2. 传播主、客体的群体性与个体性

新媒体语境下，汉语言文化国际传播的主体不再局限于政府、学校教师、文化领袖……客体也不再局限于学生、汉语言文化工作者和爱好者……而是真正的全民参与传播，是任何有需求、有接触的受众的参与。在新媒体环境中，传播主客体间根据价值取向、诉求表达等形成特定的群体，创造特有的符号系统，强化成员间的群体认同，形成群体共同价值观，使个体获得认同感和归属感。同时，新媒体环境中的汉语言文化国际传播彰显主、客体个人主义，追求自身价值的实现，构建自身话语体系，反映人们对汉语言文化的自我理解和不同阐释。

3. 传播信息的海量性与专有性

由于新媒体的开放性，新媒体语境下的汉语言文化信息海量呈现，但在具体传播过程中更需要筛选，汉语言文化传播的主体可以提供点对点的个性化服务，传播客体也具有同样的筛选权，因而传播的信息更富有专有性。语言文化国际传播的对象主要有两种：一种是与汉语言文化有天然血缘关系的海外华人，一种是与汉语言文化没有必然联系的纯外国人。在同一传播媒介中，个体可以在不同语言和文化间相互切换。如在有中文背景的海外华人间传播时，沟通双方可以在简体中文和繁体中文间进行语言转换，这是汉语言文化体系内部的冲突与融合。而在纯外国人间传播时，需要在中外语言文化间进行切换，这是不同语言文化体系的交流互动。

4. 传播行为的交互性与主动性

不同于传统媒体的单向传播，新媒体以开放的姿态给大家提供一个共同参与的平台，在很大程度上改变了人类信息的交流方式。传播的主、客体全员参与，汉语言文化传播呈现出交互性。比如关于汉语言文化传播的某一话题，共同参与者都可以畅所欲言，发表意见。同时，新媒体大大提高了用户主动选择的可能性和可行性。大众拥有更先进和深入的对传播内容反馈的方式，甚至能直接参与传播内容的制作和发布。人们在表达自身观点时更加具有安全感，可以摆脱自身原有身份的掣肘，自由地进行观点表达，从而在文化传播过程中提高互动的质量，进而提升传播效果。因而，新媒体语境下，汉语言文化传播更强调主动性。

5. 传播效果的时效性与全球性

传统媒介在汉语言文化国际传播方面有一套固有的审核程序，而新媒体无论是在时效性上还是在传播范围上，优势都更加明显。人们更加关注传播的有效性，要求即时反馈，希望摆脱原有语言规则给沟通带来的束缚，用最简单的语言文字来表达最丰富的内容。"微内容"应运而生，字母、数字、缩略语、短句的使用频率越来越高，如前文提到的"APEC 蓝"就是适应这种要求诞生的。特别是微博、微信等微传播媒介的应用，极大地改变了汉语言文化传播的格局，集文字、图片、语音、视频等多种语言元素和非语言元素为一体的社交软件，不仅带来了社交网络的繁荣，同时也更新了传播理念，使汉语言文化传播朝全球化又迈进了一步。

在汉语言文化传播过程中，传统的媒介主要是纸质书籍。而随着科技的发展，人类用于传播的媒介逐渐增多。特别是新媒体的发展，给汉语言文化传播提供了前所未有的广阔空间，同时也带来了新问题，我们需要关注不同文化传播媒介的差别、对媒介运用的方式以及如何最大限度发挥新媒体的优势。

第四章

汉语言文化在东北亚地区传播
与交流的优势和劣势

"一带一路"背景下，区域一体化加速，由地缘进而关涉政治、经济、文化等因素，东北亚区域发展逐渐成为当今世界关注的焦点。本课题是从国家利益出发，把汉语言文化传播与交流放到"一带一路"背景下，从东北亚这一区域角度考察国际的合作与交流。由汉字历史上在朝鲜半岛传播的经典案例，我们反思到影响区域语言文化传播与交流的因素包括自然因素和社会因素，内部因素和外部因素，由此本章将分析汉语言文化在东北亚地区传播与交流的优势和劣势。

第一节　汉语言文化在东北亚传播的优势

一、地缘经济优势

位置是影响区域语言文化传播交流的重要条件，地理环境和交通环境将影响语言文化传播和交流的速度与成本。我国东北地处中、俄、朝三国交界，政治、经济、文化各方面都联系着俄罗斯、朝鲜半岛、日本、蒙古。在历史上，我国就是东北亚政治、经济、文化中心之一，与东北亚各国有天然的地缘关系，因此，汉语言文化在东北亚地区传播有特定的地缘经济优势，具体表现在：

（一）水陆交通便捷

东北亚地区语言文化传播与交流无论是历史上还是现在，很大程度上还是依靠交通。交通环境是地缘经济优势的重要方面，东北亚地区陆海交通都相对便捷。中国是经东北亚的水陆交通中枢，有交通便捷的优势。绵长的边境线和出海口是连接我国与邻国的纽带和门户，为汉语言文化国际传播提供了便利。

1.陆路交通

迄今为止，陆路交通是世界上使用最多、最广的交通方式。东北亚地区面积广阔，俄罗斯领土面积世界第一，中国领土面积世界第三，蒙古领土面积也在世界前二十，边界条件优越。东北亚区域内各国彼此毗邻或接壤，边界绵长，为陆路交通沟通提供了基础，也为各国之间的语言文化传播和交流提供了自然条件。中国与俄罗斯陆地接壤面积大，黑龙江、吉林、内蒙古三省都与俄罗斯交界，边界线长。陆路交通的便捷促进了两国经济和人员的往来，黑龙江、吉林、内蒙古都有俄罗斯风情街，俄罗斯商品也出现在人们日常消费中，俄罗斯面粉、香肠、糖果等都深受中国老百姓的欢迎。我国和蒙古东、西、南三面接壤，共同边界线长达 4698 千米。我国东北与朝鲜接壤，鸭绿江大桥连接中朝两国。珲春是唯一的中国、俄罗斯、朝鲜三国共同交会处，是东北亚地区交通的枢纽。俄罗斯与蒙古北部接壤，蒙古内的交通以公路为主，俄罗斯则修建了跨西伯利亚铁路，连接亚洲。基于如此长的共同边界，货物、人员交流都有了天然的便利条件。东北亚地区各国可在"一带一路"框架下，共同开发基础设施，发展便捷交通，推动包括汉语言文化传播交流在内的全方位合作。

2. 海路交通

与陆路交通相比，海路交通不仅承载量大，而且更直接便捷。东北亚地区三面靠海，西有太平洋、南有日本海和东海、北有北冰洋，海路交通资源丰富。中国、朝鲜半岛和日本隔海相邻，日俄隔海相望，由于地缘上同处东北亚，海路距离短。东北亚地区不仅海岸线长，而且有众多优良港口，比如中国的丹东港、韩国的釜山港和仁川港等，为东北亚各国提供了便捷的海路交通，使得各国的合作与交流更加紧密。

（二）资源类型互补

东北亚地区资源丰富，并且具有很强的互补性，这大大加强了东北亚合作的可行性。资源是国家发展的重要基础，包括陆地上的土地、石油、天然气、矿藏、森林、水等资源，也包括海洋资源、人力资源。而东北亚各国资源空间分布是不均匀的，各具有特色，其中资源蕴藏丰富的国家和地区主要为中国、俄罗斯、蒙古。俄罗斯的西伯利亚地区地处东北亚北部，土地面积广阔，人口少，但拥有丰富的石油和天然气资源，总储量分别约占全世界的五分之一、三分之一，矿产资源也十分丰富。但这些资源开采、运输难度较大，需要大量资金和雄厚的技术支持，这为资源相对缺乏的中国以及极度匮乏的日本和韩国提供了合作机遇，双方的资源利用能够优势互补。蒙古是个内陆国家，没有海洋资源，但拥有煤炭、石油、铀矿等工业生产中必要的战略资源，特别是煤炭储量非常丰富，但由于资金、人力和技术等原因，蒙古还有现当大一部分资源未开发，这种资源结构也与中、日、韩等国形成互补。朝鲜国内重工业基础较好，商品经济不灵活，消费品相对不足；矿藏资源较丰富，其他资源储量可以自给自足且有少量供于出口。韩国也是岛屿国家，国土面积狭小，多山地，资源则比较贫瘠，但技术比较发达，比如近年来引起全世界关注的芯片技术和产业，韩国占据领先地位，三星、LG等大型企业在行业内举足轻重。由于资源匮乏，韩国的能源也难以支持本国经济高速发展，需要外部支持；而韩国的高新技术也需要转化为生产力。日本是经济大国，属于世界经济的第一梯队，其经济技术发展对亚太地区乃至全球都有重要影响，也是美国经济合作的盟友，三菱、松下、索尼等人们耳熟能详的大型跨国企业不断向外扩展，但日本高速发展的经济态势与其国内的资源并不成比例；日本也是个岛国，国内土面积狭小，资源非常有限，资源上对进口的依赖度高，且需要大量的人力资源支持。我国东北地区虽然资源相对丰富，但资源消耗也非常大，面对东北老工业基地亟待振兴的形势，需要高新技术和资源支持，因此一定程度上也需要部分进口才能支持各行业发展。东北目前是人口流出大省，人才流失也比较重。中国原有人口基数大，资源人均占有量也非常少，例如石油、天然气如果从中东进口，路途遥远，运输成本高，企业为降低和成本，从周边邻国采购是最好的渠道。因此，在能源引进方面，中、日、韩三国都把目标转向了资源丰富的俄罗斯，形成了这几个国家在资源上的互补性。2018 年 9 月 11—12 日，中国石油集团与俄罗斯国家石油公司签署了上游合作协议，与俄罗斯天然气工业石油股份公司签署了技术合作协议。根据两个协议，中国石油与俄油公司将在俄罗斯上游勘探开发领域展开合作，进一步加强双方的全面战略合作。中国石油和俄气石油公司将在研发和推广提高老油田采收率技术方面进行积极合作，共同提高俄罗斯老油田产量 ①。2005 年以来，中国石化与俄罗斯石油公司先后成功实施了 UDM 和萨哈林三号维宁区块等上游合资项目，并积极拓展原油贸易及石油装备贸易合作，其中 UDM 项目被誉为"中俄能源合作典范"。2022 年 6 月 25 日中国石化与俄罗斯石油公司签署相关合作协议，

---

① 中国石油天然气集团有限公司、中国石油与俄油公司、俄气石油公司签署合作协议.
http://www.sasac.gov.cn/n2588025/n2588124/c9579681/content.html.

进一步深化双方互利合作。① 随着"一带一路"战略向纵深推进，中俄双方将寻求更广泛领域的合作。

在人力资源引进方面，日本和韩国国土面积狭小，人口数量少、密度高，人力资源不足，也极其需要中国的人力资源支持；在商品输出方面，中国庞大的市场是各国争抢的领域。中国经济发展，也很需要东北亚各国能源、资金、技术和管理经验等方面的支持，彼此合作的领域相当广泛。

（三）经贸良性竞争

历史上我国就有同俄罗斯、古朝鲜、日本等国的通商记载，随着"一带一路"倡议实施，我国同东北亚各国的经济贸易往来关系更加密切。东北亚各经济体资源类型、经济发展水平、经济中的商品结构、生产能力等都不相同，但恰恰是这种不同，在经贸合作方面东北亚有很强的互补性，在"一带一路"框架下，东北亚各国可开展深度交流合作。

俄罗斯重工业、军工业发达，轻工业相对落后。蒙古经济结构单一，主要围绕着畜牧业发展，2021 年末开始实行"新复兴经济政策"，对接"一带一路"。日本和韩国电子、汽车工业处于世界领先地位，高新技术产业发达。朝鲜采取的是高度集中的计划经济制度，重工业和军工企业是发展重心，农业参照我国也实行承包制度。中国改革开放以来，经济飞速发展，经济结构多样。中国速度世界瞩目，制造业发达，义乌小

---

① https://www.jiemian.com/article/715729.html.

商品遍及世界。高铁速度已经追赶日本的新干线，出口各国。文化产业是后起之秀，文化产品出口额连年递增。东北亚各国有长期的贸易合作基础，彼此都有很大的需求，且形成互补。

虽然与欧盟等区域共同体相比，东北亚在地区合作方面还是远远落后的，但东北亚区域各国已经建立较密切的合作关系，一定程度上实现了各种自然资源整合，共同开发市场，扬长避短，相互合作。"一带一路"背景下，各国以更开放的态势迎接合作，合作的方式、途径都突破了以往，而这些合作都需要人，需要语言文化先行。因此，汉语言文化可借助地缘经济优势更快更高效地传播与交流。

东北亚区域各国资源类型上高度互补，从经济角度，各国彼此依赖，黏合度高。这必将需要大量的汉语言文化人才，在产品解读、协议制定磋商等方面架起语言融通、文化理解的桥梁。

二、历史文化优势

"地缘文化是指同一空间区域内的社会群体因受其所处的地理环境影响而形成的具有共同内容和特征的文化系统。这种文化系统的共同内容和特殊特征又是以自然地理环境为依托，受人文地理环境的影响，随着社会生产力的发展而不断扩大和充实的。"[①] 东北亚作为一个区域整体，

---

① 尹朝晖. 地缘文化——当代国际政治理论研究的新视角 [J]. 理论导刊, 2009（1）: 104–106.

是世界历史上最早相互交流的地区之一，并且历史文化具有极大的关联性，这是东北亚合作特有的历史文化因素。在共同的地域文化环境中，面临相同问题与挑战的人们会自然而然地产生相似的价值观和利益诉求。共同的生活习惯、文化背景、宗教信仰以及理解世界的视角都会增强区域内人民对国家、对语言文化的归属感和认同感，在这一范畴里，个体的文化特性也会发展成群体的文化共性。汉语言文化作为一种国别语言文化，虽然与东北亚各国存在差异，但这种差异能在遵循求同存异、推进文化融合中被接受。

（一）互融的文化背景

东北亚各国有互融的文化背景，特别是中国、日本、朝鲜和韩国有着极为相似的文化渊源，有着共同的儒家文化基础，传统文化接近，甚至是完全相同。但这里所说的"互融"并不是要求东北亚区域各国文化整齐划一，而是"求同存异"；不是"消除同化"，而是"相互融通"。东北亚文化的这种融通性，主要体现在以"汉字文化圈""儒学文化圈"和"佛教文化圈"为代表的汉文化圈的形成。文化联系是弹性的，但产生的影响却是持久、广泛的。一般来说，国家之间的文化联系底蕴比经济利益更为深厚。在东北亚地区，除俄罗斯以外，其他国家均属于同一文化圈，即"佛教文化圈""儒家文化圈"。对于俄罗斯等文化相对异质的国家来说，也不要将其彻底排斥在"东北亚文化圈"之外，而应该坚持求同存异的原则，优势互补，借鉴吸收。

1. 儒学文化圈

文化不是故步自封的，文化在传播中得以发展、延伸，有的文化在历史的长河中形成文化场，即文化圈。"文化圈"指"具有相同文化特质、文化结丛的文化群体所构成的人文地理区域"①。根据不同的划分标准，世界文化可以划分为不同的文化圈。从地理上来说，每一个文化圈有相对固定的地理区域；从文化上来说，同一文化圈内的人民具有相同或相近的文化特质、价值取向。中国传统文化的基本要素是形成东亚文化圈的基础，包括"汉字、儒学、律令和中国化的佛教四项文化要素"②。

东北亚各国在长期的交往过程中，睦邻友好占据主流地位，实现这一结果的思想文化基础就是儒学。孔子创立的儒家学派，西汉时经董仲舒"罢黜百家，独尊儒术"，成为封建社会的正统思想。儒学不仅对中国影响深远，而且伴随儒学在东亚的传播，也影响了东北亚文化圈的形成与发展。由前章的汉语言文化传播经典案例——汉字在朝鲜半岛可知，由于与中国地壤相接，儒学早在战国时期已经随汉字传入朝鲜半岛，进而传播到日本。汉武帝在朝鲜半岛北部四郡设立郡学，弘扬儒学。儒学在此背景下迅速发展成为"乐浪文化"。在当时朝鲜半岛的三个政权中，最先主动吸收儒学的是高句丽。高句丽在国内设立太学，教学内容以儒学为主。随后，儒学又被传入百济。百济的统治者崇尚儒家文化，多次派使节到中国求书。新罗儒学传入相对较晚。但是儒学一经传入，就被

---

① 冯天瑜.汉字文化圈刍议［J］.吉首大学学报（社会科学版），2004（2）：4–9.

② 西岛定生.东亚世界的形成.文俊文主编.日本学者研究中国史论著选译（第2卷）［M］.北京：中华书局，1993（8）：88–103.

上层视为正统思想。儒学客观上加快了新罗封建化进程。公元 676 年，新罗统一朝鲜半岛，儒学开始在朝鲜半岛全面推广，儒学经典著作《论语》《孝经》等在朝鲜半岛随处可见。儒学在朝鲜半岛被称为儒教，受社会各层次人士追捧，其对人的思维方式、生活习惯、行为规范、家庭制度的建立都有重要影响。在东亚西化浪潮中，韩国仍然保有儒学底色。直到现在，儒学在朝鲜半岛还有很大影响力，其社会体制重视血缘，家庭和社会团体家长制色彩明显。公元 446 年，百济使节阿直岐将中国的儒学经典《论语》等带到了倭国。后王仁到日本教皇太子学习汉文化。理学是儒学发展的新阶段，在镰仓幕府后期，程朱理学成为日本皇室与幕府斗争的武器；德川幕府初期，程朱理学还被视为幕府录用武士的必要条件。理学大家王阳明的心学、朱舜水的尊王思想等，在日本的倒幕运动中起到思想凝聚的作用。它蕴含的哲学思想，对日本的明治维新产生了很大的影响。现代日本社会，儒学主张的价值观和伦理观仍对当代日本人有深远影响。儒学是东亚地区国家共同的文化背景，儒学思想影响了东亚的社会结构、伦理观念的发展，形成了自己独特的不同于西方价值理念的思想体系。中国、日本、朝鲜、韩国虽然不是同一民族，但在文化源头上同属于儒家一脉。

　　中国新冠疫情暴发期间，日本赠送物资上的诗句引起了人们的关注。"山川异域，风月同天"是日本捐赠武汉物资上的一句。相传这句诗出自唐代东渡日本的鉴真和尚，为其东渡绣在袈裟上的诗句，意思是山川虽然各有疆界，属于不同的国家，但风月无界，人们生活在同一个蓝天下。"岂曰无衣，与子同裳"，这两句出自《诗经·秦风》，意思是，怎么能说没有衣服呢？来，我们同穿一件。这个包装里面装的是日本援助湖北省的防护服。"青山一道同云雨，明月何曾是两乡。"日本京都府舞鹤市给大连支援物资上写着这句送诗，原出自唐代王昌龄的《送柴侍御》。即便是分别之后，青山我们可以一同见到，云雨也是同样的云雨，明月也不会变成两个，所以虽然分别，又何必去悲伤呢？由此可见，中日两国一衣带水，彼此拥有深厚的人文渊源。

蒙古与中国蒙古族也是同出一源，历史上曾与以儒学为代表的汉文化有深入接触。由上述分析可见，中国、日本、朝鲜、韩国、蒙古均将本民族文化与儒家文化相融合，并实现本土化，最终形成了东北亚地区以儒家文化为核心的多元文化格局。伴随西方工业革命的到来，亚洲有慕欧倾向，儒学在东北亚进入衰落期，但火种依旧在。新时代，儒学开始复苏并注入了现代观念，实现了儒学的再次发展。

"儒学文化圈"在构建社会强烈的责任感、注重人与人之间的伦理关系、提升集体主义意识、强调礼治和自我约束等方面表现出相似的文化特性，其发展也有利于东北亚的区域合作。儒家文化宣扬的"集体主义精神"有利于东北亚的区域合作；其崇尚的"和为贵"思想使东北亚各国在处理矛盾时更加理智，有利于东北亚合作过程中争端的和平解决。例如，在中、日、朝、韩的社会关系中，上下级之间的界限非常严格，对领导、师长等拥有权力者的服从意识明显。这种强烈的集体主义扩大到团体、地区或社会，会表现为对内凝聚力和对外竞争力的增强，这有利于提高组织的执行力。取其精华去其糟粕，儒学在当今东北亚地区焕发出新的生命力，有利于进一步加强东北亚地区合作。

东北亚区域内儒家文化传播范围逐渐扩大，与俄罗斯文化相接。1729 年，俄国学者沃尔科夫翻译了儒家经典著作"四书"，这是俄罗斯首次出现儒家文化作品的俄文译本，此后陆续有儒家经典作品被翻译成俄文，经过近 300 年的积累，现在儒家文化经典已经广泛被翻译成不同版本的俄文。在这一对译过程中，儒家文化在俄罗斯得到了充分传播与交流，也加深了儒家文化对俄罗斯文化的影响。在俄罗斯文学界，最早接触儒家文化的是诗人普希金，此外如托尔斯泰、索尔仁尼琴的作品也受到儒家思想的影响。儒家思想还影响了部分政治家，"和为贵"等思想融入西方思想领域。儒家文化在俄罗斯的传播与影响，充分证明了不同国家、不同民族间的文化资源是可以相互交流、相互影响的。优秀的文化具有传播力和影响力，其可成为两国人民的精神共识，加深了中俄两国人民的友谊，促进了两国间和谐稳定的发展。东西方文化沟通，形成共融的文化背景，有利于东北亚地区汉语言文化传播。

2. 佛教文化圈

佛教发端于古印度，东汉初年传入我国，改造发展成为中国佛教，形成佛、道、儒三教鼎力的局面。后来，中国佛教传入朝鲜半岛和日本，形成了东亚"佛教文化圈"。前秦苻坚遣使者到朝鲜，给高句丽送来了佛像和经文，佛教开始在朝鲜半岛传播。百济在南汉山建立佛教寺庙，佛教开始在百济传播。佛教传入新罗最晚，最开始是民间宗教，后来得到了统治者的支持。佛教开始在朝鲜半岛广为传播，曾一度被定位为国教。直到现代，佛教在韩国社会仍有很大影响，寺庙遍及国内各个城市，佛教徒众多。公元 6 世纪早期，司马达等在坂田原建草堂供奉佛像，佛教开始在日本传播。公元12世纪末，日本的统治阶层发生变化，武士登上历史舞台，开始掌权。为维护统治，日本统治阶层将佛教本土化，利用佛教的一些思想安抚民众，"佛我如一"思想转化为"本地垂迹"。虽然佛教在日本明治维新时期一度遭到废弃，但第二次世界大战后又迅速发展起来，至今仍是日本三大宗教之一。公元14世纪开始，佛教通过蒙古传入西伯利地区。公元17世纪，沙皇扎林娜·伊丽莎白·彼得罗夫娜确立了佛教的地位，佛教开始与东正教、伊斯兰教和犹太教并称为俄国的官方宗教。进入20世纪以来，佛教呈现出新的发展态势，成为俄罗斯社会重要的一部分。"佛教文化圈"的发展也有利于东北亚地区合作，其所提倡的"慈悲为怀""佛我如一"促使合作双方能够求同存异，更加宽容；也促使东北亚各国在合作中坦诚相待，有利于建立合作信任机制。

俄罗斯作为欧亚"大陆桥"，有典型的斯拉夫民族个性，文化特色鲜明。俄罗斯文化虽然与儒家文化不是同一文化源头，但也存在融通性，尤其是地处东北亚区域的远东地区，与我国东北地区文化交融更为明显。俄罗斯文化的加入将进一步丰富东北亚区域文化内涵，给东北亚区域文化共荣带来更广阔的发展空间。俄罗斯地广人稀，但是目前有200多所大学在进行汉语教学。每年两国都有大量的表演艺术团相互访问演出，提高了双方对彼此的认知度。

由于东北亚区域多数国家的历史文化具有极大的同质性，汉字、儒学和佛教在东北亚文化凝聚为"东北亚文化圈"进程中都发挥了重要的作用；而"东北亚文化圈"的形成也反过来会促进汉语言文化在该文化圈内传播与交流。

（二）共同的文化追求

我们选取了 20 位东北亚国家的外国运动员，在东北高校进行网上问卷调查，结果发现日本运动员福原爱得票第一。在东北民间，福原爱的名气超高，部分受访者对她的喜爱甚至超过了本国运动员，一口地道的东北话让中国人把她当亲女儿一样对待。在中国，福原爱是当之无愧的体育明星，也是中日友好大使。反之，在国内调查最不受欢迎的国家，一定有日本。福原爱受热捧，作为一种文化现象有其主客观的原因，但体育无国界，当代人对体育运动的共同文化追求必定是其中重要的一个因素。以超越国界的奥林匹克精神为指引，共建东北亚区域各国人民沟通的桥梁。

离我们最近的经典案例就是 2022 年北京冬奥会吉祥物"冰墩墩"迅速走红。这是以冰雪运动为桥梁，以中国文化为底蕴的一次成功推广，吉祥物冰墩墩受到全世界人民的喜爱。冰墩墩采用了中国文化元素中的熊猫形象、糖葫芦外壳一样的冰晶特征，还加上一些时下流行的徽章等元素，与冰雪运动融合，形成了独立的文化产品。熊猫是中国国宝，是典型的中国文化符号，毫无争议，且世界认知度高；熊猫形象憨态可掬，亲善友好，是中国对外交流的大使。实际上熊猫形象用于吉祥物已经不是第一次了，从国际赛事来说，1990 年的北京亚运会和 2008 年夏季奥运会的吉祥物都采用了这一文化元素，历经 30 余年的积累，熊猫这一典型的文化元素被传播受众广泛接受，老少皆宜，其传播效果堪比迪士尼卡通形象中的米老鼠与唐老鸭。

冰墩墩这样设计既展现了中国文化特征，代表举办冬奥的中国，又能代表中国味道的冬奥。① 设计者开发了一系列周边文创产品，但冬奥期间人们仍然是"一墩难求"，在儿童和青年群体中的热度更高；不仅在国内，国外市场也异常火爆，在电商平台亚马逊上，各类冰墩墩销售势头良好。"冰墩墩"所代表的体育精神——亲和友好、阳光热情将成为各国人民共享的记忆符号。可见在文化审美、文化追求上，国界的樊篱是完全可以打破的，日本记者辻岗义堂因在东奥期间热情报道"冰墩墩"，疯狂收集冰墩墩徽章，展现了对冰墩墩发自内心的喜爱，引起人们共情，备受中日两国人民的喜爱，人送外号"义墩墩"，真是一"墩"化解了所有隔阂，这成功地反映了当代各国人民共同的文化追求，对和平友好的向往。

---

① 人民论坛网评｜"冰墩墩"爆火背后的文化传播价值. https://baijiahao.baidu.com/s?id=1724341988403631321&wfr=spider&for=pc.

第二节　汉语言文化传播的劣势

现阶段，汉语言文化国际传播在国家开放发展大格局下，在"一带一路"政策实施推动下，凭借历史的积淀，借助新媒体的东风，在对外交流中彰显了地区影响力，具有不可替代的地位。同时由于一些主客观因素的阻碍，汉语言文化国际传播还存在一些尚待解决的问题。

一、内部文化传播不融合

（一）文化属性有差异

文化区的划分与地区自然地理环境和人文环境均有密切关系。东北亚地区是世界上地理、人文环境最为复杂的地区之一，由此形成的东北亚区域文化呈现为多元文化共存的状态，但区域内各国文化各有其突出的禀性。

1. 自然文化属性差异

从文化的自然属性看，东北亚区域内的文化主要呈现三种属性：大陆性文化、海洋性文化和半岛性文化。蒙古是单一大陆性文化，中国、俄罗斯以大陆性文化为主，兼有海洋性文化。大陆性文化，对土地依赖，重视农耕，生产生活相对稳定，由此带来其文化特点平和厚重但又封闭保守。而海洋是流动的、是无限宽广的，由此产生的海洋文化具有开放性，原始的文化传播与交流在海上活动中完成。由于易受天气等自然因素影响，海洋具有不可控性，人类至今还没有完全征服海洋，所以不同于陆地上的生活。海洋文化具有冒险性，凡从事海上活动都具有一定的危险性，这种危险甚至会威胁到人类的生命，但人类天生具有挑战自然、征服自然的欲望，海洋越是具有危险性，越容易激起人类的挑战欲望，因此海洋文化具有开放性、扩张性。海洋文化还具有商业性，主要指海洋文化从物质到精神所表现出来的重商主义的价值取向。人们从事海上活动往往是在受到某种利益或动力的驱使下进行的。[①] 日本是纯粹的海洋性文化，其文化深刻体现出海洋文化的特性。朝鲜、韩国属于半陆地、半海洋的半岛性文化。古代由于陆路交通极为不便，航海技术有限，面对山川阻隔、海洋包围，形成较为封闭的地理格局；后来随着航海技术的提高，也密切了与海外的关系，为其文化注入了海洋元素与发展动力，因此半岛文化也同时具有开放、冒险、重商、扩张的海洋文化特点，可以说是既守成又扩张。

2. 人文文化属性差异

从文化的人文属性来看，东北亚区域内的文化主要存在两大文化类型：中国、朝鲜、韩国、日本隶属于传统的儒家文化，各国在历史与当今社会中都在一定程度上以儒家伦理观来修身、齐家、治国，所以有着

---

① 李晓欢. 中华海洋文化的基本特征及发展特点 [J]. 时代金融，2019（17）：130–132.

亲缘性的文化旨趣。俄罗斯属于欧亚混合型文化，俄罗斯横跨欧亚大陆，深受东西方文明的影响，在本源的斯拉夫东正教基础上汲取了基督教文化和拜占庭文化的因素，此外还积淀了草原文化的合理内核并受到佛教的影响。因此，俄罗斯文化既不是纯粹的斯拉夫文化或欧洲文化，也不是纯粹的亚洲文化，而是具有欧亚"双重属性"的复合型文化。

东北亚区域文化虽然彰显出多元化的差异，但这种差异并不意味着不可调和的"文明冲突"。这需要不同文化间的理解，需要漫长的适应过程，更需要主动地、人为地调节。比如俄罗斯的欧亚混合型文化与东方儒家文化的共融性也是显而易见的，我国东北、内蒙古和蒙古国在经济和文化方面的交流非常密切就是最好的证明。

（二）价值取向有差异

由于自然环境、历史背景、经济发展等因素不同，不同文化之间必然存在差异，而文化传播的历史告诉我们"在人种基础完全相同的地方也会产生文化差异"[①]。即便同处于东亚汉字文化圈，有着相融的文化背景和文化追求，仍不能避免这种文化差异。在跨国文化交往中，有时不同文化的传播各方会对传播目的、传播过程和传播结果表现出不和谐的一面，使文化差异以文化冲突的形式表现出来。文化差异也是历史和文化自身发展积淀的结果，是客观存在的。有时文化差异比意识形态和政权体制的差异更为深刻。这种差异使跨文化传播交流更为艰难，更容易

---

① 　罗伯特·路威. 文明与野蛮［M］. 吕叔湘译. 北京：生活·读书·新知三联书店，1984：29.

引起交流各方的矛盾冲突。

东北亚地区是一个多民族地区，人口较多的民族主要有汉族、朝鲜族、俄罗斯族、蒙古族、大和族。各民族经过长期的历史发展，形成了具有一定共性的文化心理素质，同时也有巨大差异。东北亚区域内的各民族，无论是在语系、宗教信仰、民族性格、生活习俗上，还是在价值取向上都有明显的区别。各民族文化心理的复杂性和多元性导致相互关系的排斥性和松散性，反映在文化传播交流合作上缺乏融合性。东北亚区域国家的东方文化或西方文化为主流或二者兼有的地缘文化环境，均对汉语言文化在东北亚的传播和交流产生一定影响。

二、外部传播环境不稳定

任何一个国家和地区的发展都不仅取决于本地环境，在很大程度上还要受外部环境影响。由于区域政治、经济、文化发展不平衡，现今东北亚局势充满了不确定因素，主要涉及东北亚各国自身以及东北亚各国间构成的地区关系、地区秩序两方面，具体表现在：

（一）发展路径差异

东北亚地区国家数量虽然不是很多，但发展环境复杂。地区大国地位突出，有中、俄两个联合国常任理事国和日本一个非常任理事国，无论在政治、经济还是文化上，东北亚地区的大国力量都是举足轻重的，影响力大。这一方面为东北各国合作带来了很大的国际政治优势，但另一方面也可能使其陷入各国间利益协调的困境。

1. 社会形态差异大

社会制度方面，东北亚各国有社会主义和资本主义两种形态，日本、韩国是资本主义国家，中国、朝鲜是社会主义国家，俄罗斯、蒙古曾经是社会主义国家后转为资本主义国家。朝鲜、韩国原为同一民族，第二次世界大战后才被人为地分成两个国家。蒙古曾属中国版图，第二次世界大战后独立出来。不同的社会制度天然形成了意识形态方面的差异，其具体表现是广泛的，影响到诸如行政实施、法规制定、道德规范、价值取向，这必将影响国家间的联系和交流。冷战时期，世界两极化，两个阵营长期处于对峙状态。为了对社会主义国家进行围堵，以美国为首的资本主义国家对中国等社会主义国家实行全面封锁，由此东北亚地区各国交流中断。后来，虽然中国陆续与东北亚的各资本主义国家建立外交关系，但并没有完全消除资本主义对社会主义中国的敌视态度，例如，日本领导人对供奉甲级战犯的靖国神社的参拜，忽视了第二次世界大战中受害国人民的情感，这也是中日两国友好交流的重要障碍。日本国内右翼势力大肆宣扬所谓的"中国威胁论"以及日本政府最初对"一带一路"倡议的消极态度和诋毁。人权成为以美国为首的部分国家抨击中国的借口。东北亚各国社会形态的困境使得东北亚地区矛盾更加复杂，给东北亚地区各国的合作造成了障碍，也给各国文化的深度交流带来阻碍，不利于汉语言文化传播与交流。

2. 社会经济发展不平衡

东北亚区域社会经济发展不平衡，日本是发达国家，韩国是经济次发达国家，中国和俄罗斯是发展中的大国，蒙古和朝鲜是经济发展相对滞后的国家。这种国家发展道路与经济发展水平的差异，势必在国家心理层面造成彼此认知的距离，进而影响东北亚区域一体化发展，也必将对东北亚区域的文化认同产生消极影响。东北亚地区大国竞争愈加剧烈，主要表现为中国、美国、俄罗斯三国之间的力量平衡和利益竞争。美国向东北亚地区推进亚太再平衡战略加快，东北亚区域的和平、稳定与发展将冲击其利益，利用东北亚区域各国间的历史遗留问题与现实矛盾，搅乱东北亚地区的和平、稳定与发展，并从中获利。俄罗斯在该地区影响力增强，逐渐成为地区事务的积极参与者和影响者，其丰富的自然资源令各国欲罢不能。日本随着经济的飞速发展，对资源和战略要地的争夺与控制在东北亚愈演愈烈，已经不满足于仅仅做一个经济上的大国，极力在政治上谋求大国地位。韩国长期以来就是美国在东北亚地区的同盟国，在美国"保护"下，其电子信息、汽车等产业受美国影响大。由意识形态到民众情感心理，对于同为资本主义的美国更易产生亲近。日本和韩国长期与美国保持盟友关系，与中国的双边关系良性互动在一定程度上受到美国因素的影响。东北亚地区是中国的利益核心区，随着"一带一路"倡议的实施，东北亚区域经济一体化的浪潮到来，中国影响力日增，重新回到了东北亚地区的中心位置。中国在政治、经济、文化等方面全方位展示了自身影响力，有发挥主导作用的能力。

如何变对抗为协作是东北亚地区发展的一个待解决的问题。但受意识形态、政治制度以及历史民族感情等因素影响，有些国家和地区对我国有抵触，在一定范围内还会形成冲突和对抗，不正视中国的进步，因而也会一定程度上排斥、贬低中国文化，必将影响汉语言文化传播的长线发展和建设。如果东北亚地区不加强合作，长期相互对峙、各自为政，将会给东北亚各国乃至世界带来灾难。因此东北亚的合作显得尤为必要和重要，各国为了维护自身的利益必须加强包括语言文化在内的区域合作。

（二）身份认同困境

东北亚地区合作中，还面临国家身份认同的困境，主要涉及俄罗斯、蒙古、日本和韩国。

1.亚欧地区身份认同困境

俄罗斯横跨欧亚大陆，正处于东西方政治、经济、文化的交汇处，这是其优势，但同时也带来地区身份认同的问题。俄罗斯文化发源地、政治经济重心都在欧洲部分，但领土上又有占据了亚洲约三分之一的陆地。蒙古深处亚洲内陆，从地理角度上看，蒙古是个完全的亚洲国家。从政治角度看，在独立之后，蒙古亚洲国家的角色不纯粹，因受美国和俄罗斯的影响，带有浓厚的欧洲色彩。蒙古国内"西化"无处不在，蒙古传统的文化价值体系日渐衰退。从文化资本到文化产品，从文化形态到意识形态，本土的文化根源在西方文化的侵蚀中渐渐丢失，乃至从语言文字、宗教信仰到人们的生活方式、生活理念都在不断"西化"，其影响无处不在且是深远的。日本虽地处亚洲，但在明治维新后，日本以"脱亚入欧"为理念，在自己身份的界定上一直在处于亚欧摇摆不定的状态。

2. 文化身份认同问题

蒙古从文化源头角度看,与中国同出一源;第二次世界大战时,日本利用报纸、历史出版物等媒介在内蒙古地区散播舆论,传播反华言论。蒙古国使用的蒙语和中国内蒙古地区的蒙语几乎一样,只是个别单词用法和拼写字母不同,但是蒙古国的"新蒙文"用俄文字母拼写,有一些单词直接从俄语中音译过来。与蒙古类似的还有韩国的文化身份问题,这些文化身份认同问题对当前东北亚文化共同体的建构造成了障碍,不利于汉语言文化的传播和交流。

从汉语言文化传播与交流的外部环境来看,传播环境不稳定。东北亚区域协同还有很多难以克服的问题,有些在短时间内还无法解决。这无疑会在很大程度上阻碍和制约东北亚区域的和平、稳定与发展,也必将放缓东北亚区域文化认同的进程,汉语言文化传播与交流受到一定程度的阻碍。

三、传播渠道不畅通

传播渠道的丰富为多元文化交流带来机遇,同时也会加速多元文化的碰撞。新媒体为汉语言文化的传播,带来的既是机遇又是挑战。目前,即便是借助新媒体的推动,汉语言文化与国际受众的本土文化在对接上也不够顺畅,汉语言文化传播的内容无法与当地文化有效融合。其最终结果就是汉语言文化国际受众人数与当地人口总数比差距大,且相对于华人受众，其他文化受众占比明显不足。发展需要良好的舆论环境，需要树立正面的形象。良好的舆论环境是建立在汉语言文化自身发展实力和国际社会对中国人民、汉语言文化的认知与理解之上的。但现阶段东北亚地区汉语言文化传播存在对接不畅的情况，主要涉及以下两方面：

（一）媒介对接不畅

汉语言文化国际传播从最初的人际相传，到以汉籍为代表的平面媒体的传播，再到广义上的传统媒体传播，进阶到今天通过新媒体传播。传播的时间界限被不断打破，空间维度被不断延伸。在新媒体语境下，人们可以通过手机、数字媒体、移动互联网等多渠道随时随地接收信息。汉语言文化传播的渠道是历史上最为广阔的，与之相对的是传播渠道对接不畅。比如我国主流自媒体与国际主流自媒体无法接轨，国际受众出于个人使用习惯及用户使用量等因素的考量，对微信等自媒体的接受还需要很长一段时间，而推特、脸书等国际化程度较高的自媒体，目前在大陆地区还无法开展业务。

传播渠道的丰富为多元文化对接带来机遇，同时也会加速多元文化的碰撞。存在于新媒体语境下的汉语言文化信息一方面多样呈现，百花齐放；另一方面碎片呈现、良莠不齐，多而杂。在新媒体语境下，汉语言文化原有体系不断更新发展，文化内涵更加丰富、表现形式更为多样，吸引更多的受众。而空洞、表意不清的内容不但达不到传播汉语言文化的目的，往往还会造成原有受众的不满，进而导致对该媒体的依赖度下降，最终导致受众流失，媒体影响力下降。国际文化传播方式，虽然已经引入了多渠道传播方式，不仅有一些传统主流媒体，还有一些新兴的移动互联网传播媒体，但这两大类媒体并没有从根本上实现融合，往往各自为政，不利于国际文化传播话语体系的形成。此外，在信息井喷式爆发的时代，汉语言文化国际传播受众要同时面对国内、国外、官方媒体与自媒体、传统媒体与新媒体等不同信息群的影响，如媒介未形成整合，分工明确，易造成资源浪费，乃至造成媒介困扰。由于时间和精力有限，受众很难及时筛选到有内容、有价值的信息，进行深度理解。

（二）语言对接不畅

在国际文化传播与交流中，稳定的社会系统转变为流动的社会系统。外围的文化认同容易改变，而核心的文化认同是稳固、持久的。这也体现在人的观念体系中。不同文化的人民正在造就一种融合的多面文化。对文化的认同包含着鲜明的价值判断，对个体和群体的选择行为有很大的影响。鲁伯特·德·温拖认为"四种因素的历史互动形成了民族认同：种族、地狱、语言、宗教"[①]。

不同的文化体现了世界存在不同的感知和思维模式。人们所处的自然环境影响人们的感知，在不同境遇中，人的感知系统是不一样的，这与特定的文化背景和文化情感也有关系。语言不仅仅是一种传播工具，还会指引人们感知的方向，人在特定文化背景下形成的观念和思维模式常受制于所使用的语言。语言无形中对客观世界进行分割，导致不同文

---

① 曼纽尔·卡斯特.认同的力量［M］.曹荣湘译.北京：社会科学文献出版社,2006（9）:5.

化形态的出现。语言的差异影响了思维方式的发展，人们思维的过程就是对语言进行重构的过程，语言又是思维的实现，二者互相依存。因此要实现语言的对接，消除文化偏见，在交往中从平等的角度要建立共同的目标，在彼此尊重法律和习俗的基础上进行文化传播交流。

在"一带一路"背景下，语言与文字所承担的沟通、交融的使命越发凸显。在进行国际文化传播与交流中，若一方未掌握对方的语言，就完全无法进行交流。在东北亚地区，作为国家官方语言的汉语属于汉藏语系，日本语、韩语属于阿尔泰语系，俄语属于印欧语系。这些语言分属于不同语系，语音、语法、词汇等语言要素的差异较大，且东北亚区域没有一种类似于英语地位的共同语，因此在语言上出现对接不畅的问题。

四、传播内容待整合

（一）传播需求供给错位

东北亚地区的汉语言文化在传播过程中主观倾向性很强，目前东北亚地区汉语言文化传播更多关注的是"主流文化"，忽视受众作为主体的真正汉语言文化需求，比如俄罗斯受众大多数人关心中国的传统节日语言文化，日韩受众由于与中国的历史渊源，可能更关注的是现代新型的汉语言文化，比如微信文化、短视频等，而不是与他们国家几乎同根同源的节日文化。所以，不同的受众对汉语言文化的需求不同，我们不能忽视受众的需求、兴趣和价值观，因此要重视东北亚地区民众的汉语言文化需求问题。

（二）传播内容不规范

文化传播能引导大众的思想和行为，表明传播主体的价值取向。在新媒体语境下，汉语言文化的国际影响力不断攀升。汉语言文化国际传播向世界传递中国核心价值观，构建与时俱进的国家形象，让世界更加深入地了解中华民族文化的内涵。

遣词造句类错误广泛存在于新媒体，特别是自由的自媒体，其对汉语言文化国际传播的损害远超于国内传播。一些新媒体词语具有变异性、局域性，如当前国内网络流行的"蓝瘦香菇"（难受想哭）、"肿么"（怎么）等，属于一种新型的社会方言。对于母语为汉语的使用者来说，具有一定的趣味性；但对于国际传播受众来说，会产生误导、误用。一些低俗文化也对国际受众造成冲击，比如"屌丝""逗比"在某些新闻媒体和网站传播，使人误以为生动、接地气，实际上是混淆了低俗与通俗的概念。

（三）传播内容挖掘力度不足

"一带一路"共建中的国际文化传播与顶层设计，往往更加强调经济领域和范围内的交流和合作，但也存有一系列结构不科学的现象，特别是在国际化文化信息的大范围传播、相关设施设备创建、财务投入等方面，占比较高，但文化领域的合作不多。与此同时，在"一带一路"共建中的国际文化传播领域，促进国际交流合作的落地项目也比较缺乏。

　　汉语言文化在东北亚区域传播还存在需要创新的问题。文化传播与交流合作内容没有新意，也缺乏深意，无法使受众产生一定的情感共鸣；国际文化传播形式上，往往受到传统式官宣模式的影响，无法达到深入人心的目的。

五、后续传播动力不足

（一）人才培养缺乏

　　文化传播的终极目标是文化共享，汉语言文化国际传播首先要做到传播受众对汉语言文化的理解和认同。新媒体语境下，汉语言文化传播可利用的技术手段是丰富的，可依托的媒介是多样的，但新媒体技术的深入发展不等于汉语言文化传播与交流层次的必然提高。新媒体语境下的汉语言文化国际传播，也需要依托人力资源，包括文献资源的选择与翻译、数字化中文文献、线上对外汉语教育等，都需要高水平的人才相匹配，但相对的却是汉语言文化传播人才的缺乏。国际受众对传播信息不易掌控，很难深入交流下去，难以到达思想的层面，而即时的互动更需要人的参与。因此，"一带一路"背景下东北亚汉语言文化传播与交流需要"语言＋文化＋专业知识"复合型人才，语言是基础，文化是底蕴，专业知识是动力。从现状看，"语言＋文化＋专业知识"复合型人才稀缺，培养这种复合型人才具有重要性和紧迫性。因此，"一带一路"背景下的汉语言文化国际传播与交流需要健全的人才保障机制来培养复合型人才，为共建"一带一路"提供人才保证和智力支持。

（二）合作紧密程度低

当前"一带一路"背景下，汉语言文化国际传播与交流存在部分传播主体与沿线国家合作紧密程度低的问题。沿线国家存在经济和教育发展不均衡、需求错位、教育资源供给不充分等问题，沿线国家合作风险和对接难度大，这削减了汉语言文化的吸引力。

"一带一路"背景下，东北亚地区合作的优势和劣势并存，区域内汉语言文化传播的外部环境问题和内部建设问题会削弱汉语言文化传播的效力，阻碍各国的语言文化交流。在"一带一路"构建人类命运共同体的理念引领下，通过增进人文领域的相互理解，提高文化认同感，继而合理规避由于文化差异导致的矛盾与冲突，形成开放、高效的多边合作机制，是驱动东北亚区域合作多元发展的人文基础。

第五章

东北亚地区汉语言文化传播
与交流机制

在探寻东北亚区域合作有效路径的过程中,学界多从政治与经济层面寻求突破,取得了一定的阶段性成效。但这种效应是不稳定的,在东北亚区域国家复杂的政治、经济、历史和文化等因素制约下,进步与后退常常会出现反复,甚至一夜归零。面对东北亚区域合作的诸多阻碍,作为软实力的汉语言文化传播对东北亚区域的深层合作是一种强有力的支撑,但如何处理传播主客体、传播内容、传播媒介的关系,研究传播与交流机制是我们寻求解决问题的必经之路。因此,本章将在"一带一路"背景下着重论述东北地区汉语言文化传播与交流机制。

第一节　构建文化合作交流机制

一、构建东北亚"文化共同体"

（一）遵循文化共同性原则

　　如前一章所述，东北亚区域各国有互融的文化背景、有共同的文化追求，因此汉语言文化在该区域传播与交流要充分遵循文化共同性原则。这些文化共性具体反映在宗教信仰、伦理思想以及社会价值观等方面。宗教信仰方面，东北亚地区的中国、朝鲜、韩国、日本、蒙古国都深受佛教的影响。俄罗斯虽然以东正教为主，但佛教已经越来越融入俄罗斯社会。伦理思想方面，以散布于东北亚各国的汉文化为主，而这种汉文化的内核是儒家思想。儒家思想在东北亚地区的朝鲜、韩国、日本以及中国的影响最为深远，已经融入社会的方方面面。从历史文化、地缘文化来看，中国、朝鲜、韩国、日本、蒙古都属于"汉文化圈"，以儒家思想为主体的汉文化构成了区域文化的主流；而俄罗斯具有明显的"大陆桥文化"特点，其文化具有双重性。东北亚区域内各国文化虽然具有多元性、差异性，但并不是无法调和的文化冲突。社会价值观方面，"求同存异"是东北亚各国价值体系的核心，也是构建东北亚"文化共同体"的核心理念。正是东北亚区域这种宏观主流价值观中的"求同"，即同根源、同追求；微观支流中的"异"，即各国历史发展中的民族文化差异，二者有机结合，产生了东北亚区域文化认同的黏合剂，为东北亚区域文化共同体的建立创造了机遇。东北亚地区各国正是在漫长的历史发展过程中相互学习，彼此借鉴，互通有无；各国文化在流动中形成了相同的文化内核，同时又保有自己的个性。"文化认同是一种肯定的文化价值判断，即文化群体或文化成员承认群体内的新文化或群体外的异文化因素的价值效用，符合传统文化价值标准的认可态度与方式；文化认同的积极价值在于通过界定自我、区别他者，进而彼此增强共识、凝聚合力。"① 即"和而不同"、共存共荣。因此，汉语言文化传播与交流将推动东北亚区域文化共同体的建立，促进东北亚区域各国人民相互认识和理解的逐步深化。

（二）遵循文化共生性原则

"文化共生"是与"文化共同"密切相连的，是"文化共同"的延续和必然结果。具体来说，"文化共生"性原则反映在东北亚区域各国在地区认同的基础上，彼此互相需求、共同生发。区域文化共生作为一种软实力，随着其共生紧密度、依赖度增强，既可逐步加深区域内民众的情感交流，又可在一定程度上消解区域内各国在政治、经济与军事方面的

---

① 蔡美花.东北亚区域合作路径与文化认同［J］.东疆学刊，2015（1）：1-7.

纷争与对抗。所以，文化已经在东北亚区域越来越显露出力量，文化不仅仅是东北亚区域各国经济合作发展的契机，更是培养地区认同感的基础，是建设地区共同体的推动力。因此遵循东北亚区域文化共生原则，加强区域文化合作交流，是促进东北亚区域深入合作交流的必由之路。

东北亚区域的文化结构是一种多元的文化结构，汉语言文化在多元文化中求同存异，为东北亚区域的深层合作与共同发展积蓄了巨大潜能。但要把潜能转化为现实的动力，则需要东北亚区域内的各国各层次的社会力量由对本区域多元文化的认同心理提升为文化共生心理。唯有如此，才会使得东北亚区域文化的互生共融成为区域内深度合作的有力支撑。

东北亚区域的文化现实虽然多元而复杂，但是区域内各国却存在诸多文化共性，这就为东北亚区域文化的共生提供了多种可能。中国、朝鲜、韩国与日本作为东北亚区域汉语言文化传播与交流的主导力量，在历史上都曾以儒家理念为主流的社会价值取向，在各自的文化体系中，儒家传统仍是核心要素之一，这就为构建东北亚区域文化共同体奠定了历史文化基础。俄罗斯的社会主流价值观虽有别于儒家的价值体系，但二者在历史和现实都无本质冲突，在"一带一路"背景下，会有更广阔的合作空间。从中国社会价值体系来看，"共生"思想既是中国古代哲学的精髓，也是现代社会价值观的基础。从朝鲜半岛社会价值体系来看，"共生"思想深刻地影响着古代朝鲜半岛各个历史时期的文化内涵。这种"共生"思想已经逐渐积淀为民族文化的精神原则，潜在地规约着社会价值体系总体面貌。从日本社会价值体系来看，日本社会所倡扬的"共生"思想，意在追求异质文化与思想的共存、共融，在此基础上生发出有益于社会进步的、具有新质的思想与文化。日本社会的这种"共生"思想与历史上的儒、释、道三教和合思潮旨趣相承，三教和合的诉求在日本社会的古代、中世与近世相沿相续，它基本上围绕着四个重心而展开，即以神道为中心的神佛与神儒融合、以禅宗为中心的佛儒和合，以阳明学为中心的儒佛习合，以朱子学为中心的神、儒、佛汇通。所以，日本历史文化上持续良久的"三教和合"的浪潮，既是日本当代"共生"原理的哲学基础，也是这种"共生"性的具体样式。当前，"共生"思想在"三教和合"的思维定式下，已渗透到日本社会的方方面面，并逐渐衍生为日本社会的一种"共生"哲学。① 东北亚地区汉语言文化传播的主导力量中国、朝鲜、韩国、日本四国在其历史与现实中，都在践行"和合共生"的价值取向，这对东北亚区域内的文化认同有一定的内聚效应。"汉流""韩流""日流"在东北亚区域的流播，说明在东北亚区域内其有形成区域新文化的巨大潜能。进入近代社会以来，东北亚国家大都走上了各自的现代化发展道路，都曾有意无意地借鉴西方文化以推动本土文化的现代转型。东北亚区域各国间的合作交流日益频繁，东北亚诸民族之间的迁移流动，经济上的互补、互利，政治互信与外交互助等一定层面的升级，文化交流活动的日益活跃与深入等社会因素为东北亚区域的一体化和文化共同体建立提供了诸多可能。

跨越东北亚各国文化差异，找到东北亚区域人民的共识点，因地制宜选择恰当的汉语言文化国际传播路径，设计具有国际化、特色化的文

---

① 张玉柯，李甦平. 迈向21世纪的日本哲学——以共生哲学为中心［M］/张立文主编. 东亚文化研究（第1辑）［M］. 北京：东方出版社，2001（2）：49–52.

化产品，有助于汉语言文化传播力提升的品牌内容特色打造，注重渠道交流，在国际传播与交流中吸收借鉴东北亚国家文化传播的先进经验，在国际文化合作交流中拓展中国特色跨文化传播的路径，这也为新形势下汉语言文化国际传播提出了更多的要求。为满足东北亚地区各国的发展需求，我们遵循地区文化"共同""共生"原则，加强民族文化的包容性；通过对东北亚区域多元文化的深入了解，引入"一带一路"合作原则，共商、共享、共建，形成开放、发展、包容、普惠的区域合作架构，以文化共同体构建带动区域政治、经济共同体构建，继而为推动全球互利共赢的发展模式贡献人文力量。

总体而言，东北亚区域各民族间共生的文化基础是稳固的，尤以儒家思想为核心的汉文化深入人心。这些共享的价值体系与文化判断力，可以提供一个基于共享的社会价值观而建构的文化共同体，在共同体内部，参与各方可以进行有效交流，互通有无。

二、健全文化冲突协调机制

由于国家的文化发展历史不同、社会价值观不同，各国对待本土文化和外来文化的态度也不同，文化差异不可避免，但要防止文化差异演变为文化冲突，更要防止文化冲突升级。健全文化冲突协调机制，缓和和化解文化冲突是健全"一带一路"汉语言文化国际传播和交流机制的必要内容。

（一）建立信任机制

为建立文化冲突协调机制，首先就是建立东北亚各国之间的信任机制。

化解历史矛盾，建立信任机制。例如，日本要正确审视历史文化问题，由于日本在历史上实行军国主义，严重伤害了包括东北亚区域国家在内的亚洲人民的感情，时至今日，日本国内仍有军国主义支持者，这使得日本在东北亚陷入了严重的信任危机，重启日本与东北亚各国的信任机制，使其不影响东北亚合作的大局。

充分发挥协调技巧，建立信任机制。协调东北亚区域各国的诉求，以求同存异为原则，同时要减少国家主体色彩。在协调过程中减少或去除"中国性"等概念的表达，需要强调"共同性"的概念。例如，依托东北亚区域"汉文化"的共同性，用汉语言文化传播与交流替代中国语言文化传播与交流，化解对所谓中国文化入侵的误解。

加强领域交流，建立信任机制。以旅游领域为例，旅游对"一带一路"沿线国家经济、社会发展的作用显而易见，"一带一路"倡议提出后，沿线国家旅游交往日益频繁。我国与"一带一路"沿线国家共办旅游年，创办丝绸之路旅游市场推广联盟等旅游合作机制，与 57 个沿线国家缔结互免签证协定等。2015 年 10 月 17 日，中国 30 余个"一带一路"沿线城市在古都开封联合组建"一带一路"城市旅游联盟，通过了《"一带一路"城市旅游联盟章程》和《"一带一路"城市旅游联盟开封宣言》，在旅游发展、节庆活动、旅游品牌培育、旅游市场开发、旅游客源互送、媒体宣传和国际交流等方面开展合作，力图全方位推动"一带一路"沿线城市经济社会发展和文化旅游交流。东北亚区域各国的旅游各界如能根据地域旅游文化特色，制定有针对性的合作联盟，必将有利于化解各国间的政治、经济、文化等方面的冲突。各国媒体之间可以建立专稿、新闻互换机制，共享优秀的传媒资源，共同弘扬和传播各国、各民族文化，促进多元文化融合。建立从业人员之间的交流与互访机制，加强东北亚区域各类媒体之间的相互了解和紧密合作，求同存异，优势互补。媒体只有正确解读他国文化，才能更加准确地传播民族文化、传递政策信息，减少由于信息不对称导致的矛盾分歧，形成开放发展的文化传播机制。

（二）协调贯穿冲突化解全过程

协调一般可以分为发现不协调因素、寻找解决办法和实施协调三个阶段。"一带一路"背景下，文化冲突将更加复杂，参与方将由双方变为多方；冲突内容将由单一化变为复杂化，这对我们化解文化冲突提出了更高的要求。冲突协调机制要贯穿于文化冲突协调的全过程，首先要发现文化冲突的问题所在，寻找解决办法，成立协调组织。协调组织是化解文化冲突的专门组织，协调组织应具备工作专门化、部门化、正规化等基本要求。在发生文化冲突时，协调组织要协调双方的人力与物力，在将文化冲突未达到严重之前进行控制，将损失降到最低。当文化冲突解决后，要充当"中间人"角色，联系冲突双方，对文化冲突的原因、影响、后果等进行复盘。具体协调人员一定要本土化，协调文化冲突的人员主体应具有本土文化背景。"一带一路"背景下，协调文化冲突的人员还应具有国际文化背景，更加了解沿线国家的文化传统和思维方式，也更容易被冲突涉及方所接受。

单纯经济上的联系只是维系国家间关系的经线而已，有必要建立国家之间、企业之间、民众之间联系密切的冲突协调网络体系，这种网络体系是出于双边或多边的政治、经济、文化等共同共生基础上的平等交往。基于东北亚地区各个国家的实际情况以及民族、历史等因素的综合考量，充分发挥该地区多维参与者的文化认同感，并以之为区域多边关系交往交流平台，积极构建东北亚"文化共同体"，为解决该地区发展提供可能路径。

第二节　构建语言文化融通机制

　　"一带一路"背景下汉语言文化的国际传播需要精品化的文化内容作为基础和前提，深挖我国语言文化中的瑰宝，开放、包容、自信地展示给"一带一路"沿线国家和地区，提高语言文化输出的质量，让国际受众能够在感受汉语言文化魅力的过程中，了解中国，认同东北亚"命运共同体"的价值观和发展理念，进而与我国在社会、政治、经济、文化、艺术等各个方面展开深入的交流与合作。在日益激烈的国际话语权争夺和语言文化国际传播中，优质的文化内容始终是发展的底气，只有做好中华语言文化国际传播的优质内容，传播者才能够更好地以文化自信的姿态，将我国优秀的语言文化传播出去，讲好中国故事，展现中国魅力，打造精品化的传统文化产业体系，高质量地提升我国汉语言文化传播的软实力。

一、整合汉语言文化传播的内容

　　随着新媒体技术的发展、新媒体语境的变革，汉语言文化传播主体、客体、传播内容、行为及效果等都在相应发生变化，展示出新特征。在"一带一路"背景下，应坚持汉语言文化规范、创新、融合，优化汉语言文化传播效果。

（一）传播内容符合规范

传播具有社会性，人是传播的主体，既是信息的创造者，也是信息的传播者，还是信息的接受者。传播是信息交流、共享的过程，是传播者和传播受众相互影响、相互作用的过程，而不是线性的、单向的传递过程。汉语言文字发展到今天，使用者已超过 10 亿。使用群体不仅人数多，且语言文化背景复杂，既有国内受众又有国际受众。中国境内有 56 个民族，很多民族有自己的语言文字和独特的民族文化。如前文所述，汉语言文化本身就是一种融合多民族文化的融合体。汉语言文化传播到国际，又产生了新的变异，衍生出不同的分支。汉语言文化本身的复杂性加大了传播难度。以汉字为例，据《中华字海》统计，汉字有 8 万多，加上各国产生变异的汉字，总量更是庞大的。汉语言文字是大家交流的媒介，如果不加以规范，各行其是，信息传递和接收各方就可能会有不同的理解，甚至产生误读。汉语言文化传播走过自发传播阶段，目前已进入主动、积极传播阶段。规范的语言文字是正确传递信息的重要手段，确保汉语言文化国际传播向着健康的方向发展，首先要做到传播内容符合规范，以规范促发展。需要注意的是，不同文化的语言在使用规则上存在很大差异，我们要寻求语言对等、概念对等、文化对等，制定汉语言文化传播的标准不意味要单纯地以自己的语言文化使用规则去判断别人的语言文化。

规范与否是由标准确定的，因此首先要制定统一标准，以避免表述差异造成国外受众的困惑。而语言是社会群体约定俗成的，是社会活动的基础。相比于科学技术，语言文化难以标准化。在汉语言文化传播过程中，汉语言文字也与不同民族的语言文字相互影响。像吉林方言中有满语、俄语、朝鲜语遗留的痕迹。在汉字文化圈内，除了新加坡和马来西亚同大陆一样使用简体字之外，其他国家和地区使用的汉字并不尽相同，存在俗体、异化等问题。在新媒体时代，这种差异给交流带来不便，增加了理解成本。因此有必要走共通化道路，需要制定统一标准，诸如教育用汉字字表的修订、教育用汉字字量字种字形的标准化、教育用汉字和考级用汉字的科学化系统化规范化等。这对汉语教育、信息处理、资源共享等都有重要意义，目前计算机系统中中日韩超大字符集的运用推动了汉语言文化在汉字文化圈国家的传播。汉语言文化教育怎样更有效地传承中国和所在国历史文化，怎样和东北亚地区国家的汉语言文化教育接轨等问题，都值得我们深入研究和思考。只有将这些问题梳理清楚，才能找到解决问题的方法，确保汉语言文化传播向着健康的方向发展。

汉语言文化传播到东北亚各国和地区，进入了本土化融合过程，产生了变异，形成了不同的形态。仍以汉字为例，在东北亚地区，除了中国之外，使用汉字的国家还有朝鲜、韩国、日本，其他国家使用的汉字并不完全相同；即使在中国也存在汉字繁简问题。在信息化的时代，汉字的差异给信息交流带来不便，这就有必要走汉字共通化的道路。信息处理交换用的字形必须标准化。计算机的汉字信息处理对汉字字形的规范化和标准化提出了更为严格的要求。字形的标准化对汉字信息处理系统、文字识别以及终端设备制造技术均有很大的影响。对于东北亚区域内使用汉字的人而言,字形标准的制定将有助于信息的交流和资源的共享。因此,汉字必须解决字形标准化的问题。例如,韩国当前用的汉字1800 字表存在许多繁简、异体等字形的分歧。字形不统一,不仅徒增汉语言文化传播受众学习的负担,而且也影响了东北亚区域内汉语言文化资源的共享,这些都给现在的汉语言文化传播带来不利影响。为了更好地推动汉语言文化传播,一定要有一个可以在各国通行的统一标准。东北亚各国目前亟须一张符合汉语言文字在当代使用频率、构词能力和构字能力的新字表、新词表。新字表、新词表应该同时兼顾东北亚各国历史文化继承性和当前日常生活的应用性。要达到汉语言文化资源的共享,使用共通的汉语言文字是必要的前提。因此,伴随着东北亚区域信息交流的加速,汉语言文字的地位日益凸显,而丢弃汉语言文字这一有效的信息载体,将有可能被逐渐边缘化。为避免边缘化危险,更好地融入东北亚区域文化,各国必须积极应对,执行统一标准,采取更加有力的措施助推汉语言文化传播与交流。新媒体语境下产生的新语言文化具有更替快、稳定性欠缺的特点,要避免汉语言文化传播中容易给国外受众带来误解,遣词造句必须谨慎规范。作为汉语言文化传播主流渠道的官方新闻媒体和各大网站要发挥导向作用,实行人工和技术双重管控,引导和鼓励汉语言文化传播的主、客体文明用语,避免生造词、断裂式会话,抵制低俗文化。

（二）传播内容贴近需求

媒体，尤其是传统主流媒体，由于其媒介引导地位以及传播内容的重要性、严肃性等原因，传播一定程度上存在语言表达程式化、传播内容脱离生活实际的问题，导致汉语言文化国际传播受众很难理解其承载的信息、对传播内容兴趣降低，而理想的表达是不失正式性和规范性的同时又具有生动性、亲切性，传播内容切中需求、解决疑难问题。在新媒体语境下，这种愿景更易于实现，如人民网海外版对"正能量""给力"等新媒体语言的运用，恰到好处，简洁明了，展现了国家的正面形象，发挥了主流新媒体的引领作用，也易于被国际受众接受。

"一带一路"背景下，东北亚区域国家传播受众不仅仅满足于旅游观光层面的汉语言文化学习，其对汉语言文化有更深层次的需求，包括对施政理念的解读、企业产品对接、思想文化碰撞在内的全方位理解，我国的主流媒体也应在传播内容方面更贴近传播受众需求。例如，新冠疫情暴发期间，东北亚各国对中国的防疫政策、出入境管理条例、产品进出口现状、中国国内百姓的日常生活等信息极为关注，特殊情况下的汉语言文化传播应抓住这一新需求点，及时补充信息，能使传播效果大大提升。民间合作逐渐成为推动东北亚区域合作交流的重要力量，尤其是在地方层次上，国际合作交流重心是中小企业。地方间的经济合作交流因水平、实力差异小，容易形成平等互利的合作关系，同时保持各自的独立性。以中小型企业为基点，与大型企业跨国合作，从而带动整个东北亚区域文化合作交流。此外，东北亚地区民众个体间的跨国合作交流在"一带一路"背景下也迅速发展，这可以扩大国家间人员、资金、技术的流动,有助于增进国家间的政治、经济和文化方面的互谅、互敬。中国、日本和韩国的民间人士积极筹建一家旨在为东北亚地区中小企业和个人提供金融服务的合资商业银行,另外还有以私人名义建立学校、培训基地等,这方面交流合作的前景与发展空间很大。东北亚各国还应加强知识产权的保护力度及原创内容的开发,逐步实现文化市场与资源的共享。汉语言文化传播应积极创造交流环境、扩大沟通渠道,减少合作交流壁垒。

(三)传播内容展现中国特色

内容是汉语言文化国际传播与交流的核心,"一带一路"背景下,更要优化汉语言文化资源。汉语言文化国际传播与交流中的中国话语内容要尽量淡化政治色彩,不断挖掘东北亚区域国家可参照、听得懂、感兴趣的内容,但绝不是迎合。我们传播与交流的汉语言文化最大价值还是要展现中国本土化特色,挖掘自身文化资源,避免同质化,尤其是注重以中国优秀传统文化去完善话语内容,使汉语言文化话语内容能够体现中国风格、中国特色、中国气派。例如京剧艺术文化传播,与之相关的中国传统乐器、脸谱、服饰、唱腔等要深入解读,展现中华文明的底蕴。

二、实现与本土文化对接融合

（一）正视差别，实现对接

东北亚文化合作也需要深入思考文化的多样性与统一性的结合，既不能试图消除各种差别，也不能以"文化冲突"论蓄意夸大文化差异的不可调和性。东北亚各国应该采取交融互动、和而不同的机制。在认同各国文化的差异、尊重文化多样性的基础上，用协调求得互利，用互利求得合作，用合作求得发展，用发展求得矛盾的解决，这是东北亚文化合作与发展的必然选择。

在汉语言文化国际传播过程中我们需关注两种要素：差异性和普遍性。注意受众的差异性，包括原有文化背景的差异和文化需求的差异。一种文化中常常涉及的问题可能是另一种文化中对人隐私的侵犯。比如在汉文化中询问女性多大了，是否结婚，在西方文化中则是极其不礼貌的行为，稍有不慎就会导致传播失误。违背语用规则比违背语法规则要严重得多。新媒体语境下，汉语言文化离开原有的社会环境，在国际传播过程中也会受到受众社会背景和文化心理的影响。为实现有效传播，必须克服文化隔阂，实现文化心理的对接。比如"御"，在汉文化中，"御"是皇帝专属的，是对其所作所为、所用物的专有称呼，"御膳""御马""御花园"都打上了皇家的烙印；在日本文化中，"御"去除了皇家的印记，仅表示高层次的，如"御食"指美食、好的食物。此外，传播受众因年龄、受教育程度、兴趣爱好以及国家文化等多种因素的影响，对汉语言文化的需求还存在不同层次的差异，这种差异在新媒体语境下更为明显。"一带一路"背景下，东北亚地区要发挥地理优势实现不同国别的对接：与俄罗斯，对接其"跨欧亚大通道"建设；与蒙古，对接其"草原之路"计划；与朝鲜半岛，对接"南北共融"设想；与日本，立足竞争现实，寻求务实合作。不同文化体系间既有差异，也有共通之处，但无优劣之差，也不存在绝对的界限。各国语言文化间的差别以及汉语言传播过程中存在的不足，妨碍了汉语言文化高效国际传播。我们要正视这种差别，以"和而不同"理念为指导，尊重差异，寻求融合，应充分发挥新媒体在语言文化国际传播中的优势，探索新媒体语境下汉语言文化国际传播新方法。以传播受众为中心，增强传播的针对性和适应性，优化传播策略，加强汉语言文化国际传播能力建设，在不同阶段要有不同传播与交流原则：初级阶段，着眼于语言文化的应用；中级阶段，着眼于语言文化的提升；高级阶段，着眼于语言文化的共融，加快汉语言文化与当地本土文化对接，提升汉语言文化国际传播能力和效益。

（二）加强理解，实现融合

东北亚地区国家间的合作交流总体可以分解为官方和民间两个部分。东北亚各国民间文化合作机制的特点：第一，稳定性。国家间交流合作层面，基于东北亚地区特殊的国际政治经济环境，各国在政治、经济等方面存在巨大的利益差异等原因，国家间的合作关系也会随之发生改变，因此文化合作具有不确定性。民间合作交流方面，着眼于民众之间的信任和理解，强调超越现实的政治经济利益，建立互惠式的合作关系，一定程度上为国家关系的发展注入了稳定性的因素。第二，包容性。官方合作交流更多地偏重政治方面，而民间合作交流更多的是渗入经济、文化等众多领域发挥积极的作用。东北亚目前仍处在政局复杂的情况下，但民间合作交流仍然持续升温，交流合作对象无国界、意识形态之分。第三，灵活性。这是民间合作交流区别于官方的一个显著特点。民间合作不拘泥于政治壁垒，而采取更为亲切的方式在民众之间进行思想文化上的沟通，促进东北亚区域各国文化的互认与互识。

现实语境中，国际汉语学习者以语言学习为主，目的在于应用。除汉字文化圈国家，汉语言文化国际传播的层次主要还是集中在表层，比如对中国美食、美景的了解；部分处于中层，比如对传统民俗的了解。但是新媒体语境下的学习者对中国文化的需求却更多，汉语言文化传播有了更深层次接受的可能。比如新兴的网络字幕组，网络字幕组在对影视文化作品文本解读过程中已不仅是简单的翻译行为，而是在理解原有内涵的基础上，借助于本土文化语境进行二度创作。以语言转换的形式实现文化的重构及不同文化心理的对接，走向了深层的语言文化沟通。由于新媒体的开放性特征，受众对这种本土化字幕创作策略给予理解和支持。比如美版宫廷剧《甄嬛传》，在网络上出现了各个版本的翻译。剧中台词"赏你一丈红"，网友将其译为"Scarlet Read"和"Give you a 3.3333 meters red"在"Scarlet Read"的翻译中忽略了字面上的"一丈"，增加了表示猩红、罪孽的"scarlet"，既没有采用完全照搬原文的翻译，也没有翻译成美国的某种刑罚，而是对接了两种语言文化，注重翻译的信、达、雅，成为汉语言文化国际传播中语言融合的成功案例。还需要关注文化求同的重要性。比如国内国外两版《甄嬛传》都体现出了共通的文化价值观：重视爱情、友情，引起了身处不同文化的中美两国观众的强烈共鸣，展现了文化国际传播的共通性。

东北亚各国虽然深受政治因素的影响，但各国间经济交往较为顺畅，对彼此文化有一定程度的认同。随着东北亚区域各国经济交往的日益密切，区域内各文化的互认程度也一定越来越高。随着中国、俄罗斯、朝鲜、韩国、日本、蒙古等国家间多边经济活动的日益频繁，对彼此文化的了解也会日益加深。东北亚地区已初步形成独具特色的经济文化合作交流格局，参与国家多元化；资源、资本、技术、劳动力互补化；文化同源多样化。伴随着东北亚经济一体化的深化，东北亚区域文化认同也必将越来越强，东北亚文化一体化建设是可以期待的。

第三节　构建多维度媒介融通机制

信息技术给东北亚区域各国文化合作交流奠定了技术基础，日本、韩国的宽带普及率居世界前列，中国的互联网用户基数大，绝对数也居世界前列，东北亚文化产业的合作交流具有良好的技术基础。汉语言文化传播要实现多维度、多角度传播与交流，需要整合汉语言文化资源，完善多方传播渠道，借助新媒体搭建汉语言文化传播的平台，实现汉语言文化传播的全覆盖体系，通过扩大媒体覆盖面，增加国际传播的受众，进而更广泛地塑造、传播良好的形象。东北亚区域各国通过广泛开展媒体合作、网络宣传、信息共享，降低传播过程中的差异文化对本土社会的冲击，减少某一国家和民族对跨国、跨民族文化的排斥或攻击，形成开放、多样的互动机制，增强区域多元文化的传播与交流。

一、构建新媒体与传统媒体融合传播机制

汉语言文化的国际传播是一项需要长期深化发展的工作，需要引进大批专业化的人才团队，以传播汉优秀语言文化为己任，在文化产业、教育等不同路径中做汉语言文化的优秀传播者。"一带一路"背景下汉语言文化的国际传播需要引进创新性的传媒技术手段和人才，在组织方面

更加专业化、高效化，在技术方面更加现代化、创新化，为汉语言文化国际传播提供坚实的保障，确保汉语言文化国际传播能够更加便捷、快速有效。一方面，要合理地利用现代传媒手段，营造一个良好的文化交流舆论氛围，推动东北亚地区各国媒体之间的合作交流；另一方面，为了在"一带一路"背景下实现汉语言文化国际传播与交流，我们还要积极运用云计算等新技术手段，结合传统媒体，引入新兴的新媒介和平台，最终形成多语整合、多媒体技术运用、资源共享的媒介融合传播机制和格局。

（一）利用两微一端进行汉语言文化传播

在技术创新方面，现代化的信息技术能够有效加快汉语言文化传播的效率，打造更加便捷化的传播模式，优化汉语言文化国际传播的实际效果。中国互联网络信息中心（CNNIC）发布第 47 次《中国互联网络发展状况统计报告》，根据报告中的数据，截至 2020 年 12 月，中国的网民人数为 9.89 亿，互联网的普及率达到 70.4%，手机网民的规模为 9.86 亿。中国网民的人均周上网时长为 26.7 小时。[①]与日本、韩国等发达国家相比，我国的互联网用户增长速度和体量均后来居上。新媒体由于具有开放性、普及性等特性，因而对以广播、电视和报纸等为代表的传统媒体形成冲击，传统媒体的舆论阵地优势地位日渐式微。"一带一路"背景下，主流媒体必须掌握舆论引导主动权，必须直面新媒体态势，积极

---

① 中国网信网. 第47次中国互联网络发展状况统计报告［R/OL］.（2020-02-03）［2020-12-11］. http://www.cac.gov.cn/2021-02/03/c_1613923423079314.htm.

应对，投入到新媒体舆论场中来。因此，我国传统媒体纷纷利用自身资源及长期以来积累的权威性等优势积极推进媒介转型，传统媒体的"两微一端"应运而生。"两微一端"是指由微博、微信公众号、新闻客户端平台构成的传播载体，在内容多元融合、传播时效性和便利程度以及与受众互动反馈性上相较于传统媒体更具优势，能实时跟进关注某一新闻事件，通过大数据等技术手段利用受众碎片化时间，及时向受众推送信息。从政务新媒体发展现状来看，从中央到地方，到最基层的单位，诞生了一大批影响力强、活跃度高的优质公众账号，因其信息来源可靠、文章原创、所发布的信息是民众关注热点等，其在汉语言文化国际传播过程中发挥了重要作用。例如国家媒体的"人民日报客户端"、地方媒体的"上海发布"都会第一时间发布权威消息，解读时事政策。北京的"平安北京"成为公安系统的新名片，其传播受众不局限于北京，不局限于公安系统。"北京协和医院互联网诊疗"41个专科开通线上诊疗功能，除了可以实现在线看病、开药的功能之外，还提供药品配送、检查预约、远程会诊等服务，保障了医疗服务的延续性，信息透明化、查阅精准化，大大方便了民众。再比如高校微信公众号，高校可以通过微信公众号建立传播主导平台、建立多语种网站，吸引更多潜在汉语言文化关注者，根据实际情况增设多语种的汉语言文化专题，定期推送，注意推送内容的媒体融合，宣传特色文化，给传播受众提供丰富的文化体验。高校可以通过网站设计为留学生提供各种招生信息，了解汉语言文化学习的要求等。政府可以通过官网设置文化宣传专栏，利用多种语言介绍当地文化，吸引外国人的关注和了解，为进行汉语言文化传播提供渠道。

当下互联网网络技术发展迅速,网络交流化的汉语言文化国际传播不仅提高了传播效率,降低了传播成本,同时也让"一带一路"沿线国家和地区的交流更加便捷化和大众化,潜移默化地对"一带一路"沿线国家产生影响,继而强化汉语言文化国际传播与交流的效果。

(二)利用短视频进行汉语言文化传播

汉语言文化传播从"两微一端"逐渐有"两微一端一抖"的发展趋势,短视频的蓬勃发展为汉语言文化传播提供了新方向。微信以公众号为主,以朋友圈和微信群为辅。以抖音为代表的短视频平台异军突起,不仅在国内,国际用户也在激增。当下,世界各国的短视频行业也都在飞速发展,我国短视频平台异常活跃,国内有代表性的短视频平台有抖音、哔哩哔哩、小红书、美拍、微视、秒拍、快手、全民小视频、火山小视频、梨视频等。

抖音是由字节跳动孵化的一款音乐创意短视频社交软件,该软件于2016年9月20日上线,是一个面向全年龄的短视频社区平台,用户可以通过这款软件选择歌曲,拍摄音乐作品形成自己的作品。发展至今,抖音已经成为集社交、购物、娱乐于一体的平台。2017年,抖音发布海外版TikTok,主打亚洲及欧美市场;同年底,收购北美同类平台Musical.ly,奠定了全球短视频平台的领军地位;2021年全球热门移动应用下载量Top10中,抖音及其海外版TikTok已超过6500万下载量蝉联全球移动应用(非游戏)下载榜冠军,在App Store和Google Play上的全球安装量已超过30亿次。毫无疑问,迅速扩张的短视频平台已然成为汉语言文化国际传播与交流的重要窗口。相较于文字、图像资料而言，叙事媒介——视频被普遍认为在传播过程中更具交流感和感染力，图像丰富、音效突出的视频更能满足受众的信息接收体验。尤其是近年来，5G手机的普及，网络基建的迭代，短视频凭借其制作门槛低、成本低、切合日常生活、内容实时发布、传播渠道广泛等优势为"一带一路"背景下的汉语言文化国际传播创造了新发展方向。我们可以利用短视频平台，为汉语言文化国际外传播受众提供优质、生动的内容，介绍汉语言文化，从而打破文化之间的隔阂，提高汉语言文化的国际影响力。在"一带一路"背景下，我国的短视频创作者们将大量的汉语言文化文化通过各类形式展示给世界人民，短视频为"一带一路"沿线各国民众了解中国提供了一个重要渠道。

短视频平台打造了一批网红大 V，李子柒、papi 酱等短视频博主入驻 TikTok，取得了不俗的成绩。2020 年 2 月，李子柒的 YouTube 账号订阅量超 1410 万，成为中文频道订阅量榜首，李子柒在海外版抖音账号已吸粉突破 100 万。李子柒的订阅量之所以能不断攀升，成为一种"李子柒"现象，引起官媒关注，原因是综合的。首先是取材，李子柒的视频善于寻找反差，在这个喧嚣的世俗社会，其视频中呈现出与现实生活不一样的"世外桃源"，且善于将田园生活与中国传统文化完美结合，汉服、传统乐器、民俗美食等内容在短视频平台上的呈现，将汉语言文化具象化，并以一种更加贴近国际受众的表现形式传播扩散，把美食、工艺品及中国传统文化通过故事的形式，与国际传播受众产生情感共鸣；在视频制作方面，没有炫技，不需要更高级的视频特效，反而是采取平铺直叙的叙述方式，天然去雕饰，让传播受众置身其中，受众也因此更易于接受。再如 YouTube 上的 iP-anda 熊猫频道，以汉文化的标志物"熊猫"为对象，每天发布熊猫的生活状态和搞笑瞬间的短视频，通过评论区与国际网友积极互动。除此之外，国际平台的短视频中还有故宫、黄河、泰山景区等中国最具代表的自然、人文景观，以及中国高铁、5G 科技、火爆影视剧等短视频内容，向世界第一时间展现真实的中国。

"一带一路"背景下的汉语言文化短视频制作者，无论是国内的博主还是海外的博主，不论是普通用户的日常状态，自媒体大 V 的精心制作，抑或是地方政府抓准宣传渠道塑造城市品牌，通过个人表达和宏观话语的结合，其短视频所讲述的中国故事既真实又立体，内容多选取国内民众的日常点滴，贴近老百姓真实生活且兼具中国特色，短视频中我国的国家形象逐渐完整丰满，汉语言文化特色得以全面又生动地展现在世界民众眼前，传播的"中国风"让"一带一路"沿线国家的民众能广泛认识与关注，可见短视频平台已成为"一带一路"背景下汉语言文化国际传播中不可或缺的一环。

多元化的短视频内容丰富了全球受众了解中国、理解中国的视角；作品注重创意创新，有利于视频本身的传播，也助力传播汉语言文化。短视频提供了一个平民化的话语渠道，通过多元立体的表达空间，创造出一个人人皆可参与的传播方式，在内容上以生活、娱乐、文化等角度展现中国魅力，增强了传播过程中的亲近感，削弱了文化差异中的隔阂与陌生感，使国外网友更乐于接受。

（三）利用纸媒的海外版本进行汉语言文化传播

从人类文化史来看，纸制传播物仍是语言文化传播的重要媒介，人际线下交流仍是汉语言文化最主要的传播纸媒表现形式之一，特别是东北亚地区传统的地缘优势、历史文化优势，利用新媒体并不意味着放弃纸媒，因此建设纸媒的海外版是汉语言文化国际传播的有效机制。在"一带一路"背景下，我国与沿线国家之间的线下文化交流日益频繁，由传统的商贸、科技交流到包含文艺、体育、旅游、遗产保护、政治互信等各层面开展线下交流活动，汉语言文化传播的范围不断扩展，由纸媒记录的汉语言文化也必须应对传播新形势，建设纸媒海外版。历史上，纸媒海外版建设是文化传播受众国家层面主导的，比如朝鲜半岛汉籍的传播；也有个体的传播，比如东渡日本的鉴真和尚。但在"一带一路"背景下，东北亚各国相关部门应在政府的推动下，建立纸媒合作交流关系，政府应与沿线国家教育、文化等相关部门就文化交流共同制定实施方案、合作框架、行动规划等具体活动事宜，使沿线各国都参与到文化交流事务中，将纸媒海外版建设扩展到企事业单位、各文化机构、友好协会等，形成更加广泛的合作交流。通过与海外华文媒体合作，国际传播受众可以通过阅读纸媒，了解汉语言文化，增进文化交流，丰富汉语言文化传播途径，提高汉语文化的传播力。同时进一步挖掘传统文化，加快纸媒海外版转化速度；深化沿线国家间人才交流合作，培养汉语言文化翻译人才，合作开展精品创作及翻译，提升纸媒海外版翻译质量；提高汉语言文化纸媒传播的吸引力，提高汉语言文化传播的效果。

存在于新媒体语境下的汉语言文化信息一方面多样呈现，百花齐放；

另一方面碎片呈现、良莠不齐，多而杂，呈现出内容丰富但信息庞杂的特点。在新媒体语境下，汉语言文化原有体系不断更新发展，文化内涵更加丰富、表现形式更为多样，吸引更多的受众。而空洞、表意不清的内容不但达不到传播汉语言文化的目的，往往还会造成原有受众的不满，进而导致对该媒体的依赖度下降，最终导致受众流失，媒体影响力下降，因而保证传播质量尤为重要。此外，在信息井喷式爆发的时代，汉语言文化国际传播受众要同时面对国内、国外、官方媒体与自媒体、传统媒体与新媒体等不同信息群的影响。由于时间和精力有限，受众很难及时筛选到有内容、有价值的信息，进行深度理解。

新媒体语境下，每个人都可以是语言与文化的传播使者，我们应加强传播汉语言文化的意识；同时从国际视角出发，注重传统纸媒的海外版本建设，积极探索新媒体与传统媒体的融合机制，促进新媒体和传统媒体协同互补，共同发展。

二、构建官方媒体与自媒体融合传播机制

"一带一路"背景下汉语言文化国际传播需要更加多元化的传播媒介、渠道和平台，包括但不限于官方和个人的媒体平台、高校国际教育合作项目、企业合作交流等，如此才能够实现覆盖面更广、影响力更大的国际传播与交流。就目前来看，尽管东北亚各国利用新媒体在对传播东北亚语言文化等方面取得了一定成绩，但还是没有完全突破单边传播

的局面。能否打通既有的媒介区域格局，建立一套能够讲述东北亚历史故事、传播东北亚语言文化的媒介融合平台，也是我们面临的问题。"一带一路"背景下，东北亚各国传播媒体，应扩容互通，突破一国格局，形成合力，在国际社交媒介中更好地描绘"一带一路"图画，构建东北亚文化共同体。总之，"一带一路"背景下的汉语言文化国际传播与交流应灵活应用、科学探索多元化的现代传播媒介、渠道和平台，以丰富多彩的形式与方法，吸引传播受众的关注，进而确保汉语言文化有效传播。

（一）发挥主流媒体主导作用

掌握汉语言文化国际传播的主动权，使国际受众逐渐了解、接纳并认同，除了需要新媒体技术研发者建构一个更加适合汉语言文化国际传播的传播架构之外，"还应积极主动地加强社会化媒体的综合管理，促进社交网站用户共同心理特征的形成，增强社交网站用户群体的认同感和稳定性"[①]。消除新媒体语言文化不稳定性导致的沟通障碍，在发生重大国际事件时能够迅速反映，实时报道，表达观点，赢取舆论引导权和国际话语权，在国际受众心目中树立可靠的形象。"一带一路"背景下，合作融合是发展方向，东北亚区域各国主流媒体间的合作更为重要，建立主流媒体联合体，共同发挥主导作用是迫在眉睫的。2016 年 5 月丝路电视国际合作共同体成立，这是由中国国际电视总公司、中国中央电视台在阿拉伯广播电视节上倡议发起的首个以"丝路"为纽带、面向全媒体

---

① 杨海洋. 互动与冲突：新媒体时代跨文化传播行为研究——以美国社交网站Facebook为例 ［J］. 今传媒，2013（10）：60-61.

的国际影视媒体联盟。①2017 年 12 月 14 日，在北京举办的 2017 年"丝路电视国际合作共同体"高峰论坛上，共同体成员及伙伴已达 85 家，其中，亚洲—太平洋广播联盟和亚洲—太平洋地区广播发展机构已正式成为共同体支持伙伴，丝路国际卫视联盟为合作伙伴，"一带一路"沿线多个国家之间互相形成媒体联盟。以"一带一路"为基础展开媒体交流可以有效地推动国家文化输出，同时该联盟也是首个多媒体影视联盟，成功地将"一带一路"的优势发挥到传媒领域中，更推动了"一带一路"国家文化的传播与交流，增进相互理解沟通，为汉语言文化传媒平台的国际拓展翻开新的篇章。

我国积极推动"一带一路"沿线国家建立全媒体传播平台和渠道，力求实现沿线国家的媒介融合。目前东北亚部分区域已经借助新媒体传播汉语言文化，如中国新闻社（以下简称中新社）作为中国官方主流媒体，一直致力于向世界展示中国的发展与变化。据 2020 年 5 月统计，中新社每日分别播发原创视频新闻稿、新闻短视频 60 多条；月均视频发稿总量 2000 余条。中新社视频新闻供稿系统平均每周的海外下载总量为 600 余次。"一带一路"背景下官媒需要用一种更加亲和的方式与受众进行互动沟通，同时满足国际受众的兴趣点，并能够在国际社交平台上以一种更为客观、更多维的方式，讲好中国故事，展现真实、立体的中国形象，政务短视频应运而生。近年来为顺应新媒体发展需求，各级政

---

① https://baike.baidu.com/item/%E4%B8%9D%E8%B7%AF%E7%94%B5%E8%A7%86%E5%9B%BD%E9%99%85%E5%90%88%E4%BD%9C%E5%85%B1%E5%90%8C%E4%BD%93/22259499?fr=aladdin.

府和官媒大力拓展短视频业务，积极探索与"一带一路"沿线国家媒体合作的新方式，注重发挥媒体娱乐大众的功能，尤其在传播国家形象描述具体事例时，可使用较为通俗易懂、幽默风趣的语言，提升媒体语言传播信息的质量，大力推行短视频传播。如 2021 年初，在哈萨克斯坦国家通讯社平台上，一部《大美新疆·阿克苏》的短视频，其播放量达到10 万 +。内蒙古推出的"腾格里新闻""索伦嘎新闻"APP 软件，吉林打造的"延边发布""延边新闻（朝鲜语）"等，专门发布中央及地方新闻、文化交流等信息，并且在东北亚区域已经产生一定的效力。所以"一带一路"背景下的官媒主导传播不仅仅是一个重新树立中国对外形象的传播过程，更是将汉语言文化传播从"共通"到"共识"的升华。

共通情感是连接东北亚区域各国文化的纽带，而构建东北亚共同体是共识的终极目标。发挥官媒的主导作用，讲好中国故事，在语言文化共通的基础上建立多维、立体的中国形象，达成认知共识。让国际受众不仅领略汉语言文化的魅力，也能化解国际受众对汉语言文化的文化冲突，更重要的是在思想上、心理上理解汉语言文化、认可汉语言文化，才是在"一带一路"背景下进行汉语言文化国际传播与交流的最大价值。

（二）发挥自媒体灵活作用

汉语言文化传播与交流中的媒体角色自从进入互联网时代以后，信息的传播在一定程度上就打破了时间、空间的约束和限制，信息的传播不仅更加便捷高效，同时还能降低传播成本。而过去我国对汉语言文化进行信息传播的主体一般都是一些具备官方背景的媒体，随着互联网时代的到来我国必须改变这种组成模式，要让更多的多元传播主体能够发挥出其相应的影响能力。在当今的自媒体时代，媒体具有了更大的影响力。"一带一路"背景下，自媒体的存在不仅可以在传播个体间进行信息交流，还可以推广我国政策，让人们更好地了解中国形象，还可以提高我国汉语言文化的传播能力。因此自媒体传播发挥了灵活作用，成为目前重要的传播方式之一。

作为汉语言文化国际传播受众的年轻人，他们思想更为开放，比较容易接受多元文化，也是自媒体使用的最大群体。根据《中国新媒体发展报告（2020）》，人们的新闻阅读习惯趋于移动化、碎片化，大都养成休闲时间"刷"新闻的习惯。用户阅读新闻资讯的场景排前三位的分别是：晚间休闲时间（占 60.3%）、随时随地一有空就刷（占 47.6%）、午餐及午休时间（占 46.2%）。正面引导，使其逐渐对汉语言文化形成心理、情感上的向往和理性上的认同，并将这种认知传递给周围的人。使用个性化和专业化的自媒体服务平台，会让汉语言文化的传播效率更高。要善于整合各类自媒体平台的优势，不断提升自媒体活力。大多数自媒体平台都支持个人发布和观看功能，但从传播功能与受众体验感方面来说，需要不断优化。例如微信、抖音、哔哩哔哩，不仅在国内有着人数众多的使用者，同时在国际上也有着较强的影响能力。可以广泛征集制作者和受众的使用体验，有针对性地进行优化，不断改良自媒体平台的功能模块，优化平台内容。还可以与东北亚区域国家自媒体进行沟通交流，与团队进行合作，让蕴含优秀汉语言文化元素的产品得到有效推广，可以更好地传递汉语言文化信息，打造中国形象及中国城市名片。

（三）完善基础传媒设施建设

新的信息传播技术为汉语言文化国际传播搭建了传媒平台。如 2017 年 7 月，中俄共建移动融媒体平台，联手打造"中俄头条"客户端，是两国媒体合作与文化互通的硕果之一。2020 年全球新冠疫情暴发，线下合作交流受到限制，但同年 11 月，首次"2020 中日韩媒体论坛"以视频形式召开，旨在通过奥运赛事、媒体及奥林匹克文化遗产等领域的交流、借鉴与合作。

基础传媒设施实现互联互通是"一带一路"建设的优先领域。在尊重相关国家主权和安全关切的基础上，东北亚区域国家宜加强基础设施建设规划、技术标准体系的对接，共同推进区域国际传媒通道建设，逐步形成连接东北亚的传媒基础设施网络。抓住传媒基础设施建设的关键通道、关键节点和重点工程，优先打通缺失路段，畅通瓶颈路段，配套完善传媒安全防护设施和传媒管理设施，提升传媒通达水平。推进建立东北亚区域统一的传媒协调机制，促进东北亚区域国家间传媒有机衔接，逐步形成兼容规范的传媒合作规则，实现信息互换便利化，加快提升传媒基础设施水平。

"一带一路"背景下，汉语言文化传播与交流过程应支持和鼓励东北亚区域国家间的传媒行业互通，加强信息交流合作。在东北亚区域文化传播中，我国应积极运用媒介融合传播理念创作优秀汉语言文化创意产品；利用媒介融合技术手段，借鉴多媒体传播形式，在政治、经济、文化等多维度实现文化融合，与各国进行全面的互联互通，促进东北亚区域文化共同体建立。

第六章

东北亚地区汉语言文化传播与交流的路径

"一带一路"背景下，在东北亚推进汉语言文化的国际传播与交流有重要的意义，汉语言文化的传播者需要从汉语言文化国际传播的现状出发，从"一带一路"的政策支持和战略目标出发，利用优势、化解矛盾，积极探索汉语言文化传播与交流的路径。

第一节　以政府主导汉语言文化传播与交流

汉语言文化传播的历史已经证明了国家力量在语言文化国际传播中的重要推动作用，因此在所有语言文化国际传播与交流参与因素中我们首先要说的是官方的主导。而由中国主导、国际广泛参与的"一带一路"倡议打破了旧有思维，开创了国际合作的新范式。"一带一路"倡议的模式不是狭隘封闭，而是开放包容；不是中国的一家独大，而是合作者全员参与。因此汉语言文化传播与交流要置于"一带一路"发展官方主导的格局下，具体包括以下三方面。

一、做好顶层设计

（一）出台方针政策

中国是东北亚地区大国，是"一带一路"倡议的发起者，因此在汉语言文化东北亚区域传播与交流中起主导和带头作用。语言文化国际传播与交流离不开政府方针、政策的支持和保障，而作为职能部门的东北亚地区各级政府，应发挥政策引导和决策的作用，政府主导设计语言文化国际传播与交流的方针政策，目前我国已经出台了一系列文化政策。"愿景与行动"为"一带一路"提供了顶层设计框架，设计了未来发展道路，制定了建设原则："一带一路"沿线国家要秉持和谐包容的共建原则，即倡导文明宽容。有针对性、指导性的《文化部"一带一路"文化发展行动计划（2016—2020 年）》（以下简称"行动计划"），绘制了"一带一路"文化建设深入开展的路线图。"行动计划"提出了构建文化交融的命运共同体的文化发展目标，明确了现阶段的具体目标。《共建"一带一路"倡议：进展、贡献与展望》进一步总结了"一带一路"五年成果。2021 年 7 月文化和旅游部印发的《"十四五""一带一路"文化和旅游发展行动计划》对"十四五""一带一路"文化和旅游交流与合作工作进行总体设计和任务谋划，部署了推动"一带一路"文化和旅游发展，构建全方位发展新格局；推动区域协同发展，实现对外交流上台阶等三大重点任务，十二个专栏，成为未来五年推进"一带一路"文化和旅游工作高质量发展的纲要指南。① 这些政策性文件体现了国家层面的发展导向，是汉语言文化国际传播与交流的政策引导。

（二）制定制度法规

推进汉语言文化国际传播与交流，除了有国家层面的方针政策外，还需要各级政府和行政部门的具体制度和法规保障，这也是能否取得汉语言文化国际传播与交流实效的关键点。建立完善的制度框架能够为东

---

① 明确三大任务 促进高质量发展《"十四五""一带一路"文化和旅游发展行动计划》制定印发. https://www.mct.gov.cn/whzx/whyw/202107/t20210719_926507.htm.

北亚区域国家的汉语言文化传播与交流提供全方位、多层次的实施空间和环境，保障传播内容的规范性。政府要勇于承担国家责任，既要认识并尊重汉语言文化国际传播与交流的自发性、能动性，又要发挥政府在汉语言文化国际传播与交流方面的引导作用。为此，我国各级政府要在实践中加强汉语言文化国际传播与交流的管理水平，增加对东北亚区域国家和民众的了解，加快出台有针对性的制度法规，为后期形成"一带一路"文化共同体，促进各国人民的汉语言文化国际传播与交流奠定基础。例如，北京市推进"一带一路"建设工作领导小组印发了《北京市推进"一带一路"高质量发展行动计划（2021—2025年）》（以下简称《计划》）。《计划》提出，北京将打造"一带一路"国际旅游枢纽城市。《计划》明确了北京将发挥世界旅游城市联合会的引领作用，打造香山旅游峰会品牌，举办世界旅游合作与发展大会，发布"一带一路"旅游城市发展指数、世界旅游经济趋势报告，构建"旅游城市品牌评价"标准。① 从制度层面建立城市发展规划，制定质量标准，将加强"一带一路"背景下汉语言文化国际传播与交流的效力和规范。

　　汉语言文化国际传播与交流的相关制度和法规可以引领传播受众的文化价值取向。各级政府和行政职能部门根据国家制定的文化发展行动整体目标及相关要求，和其他国家共同拟定具体的文化交流和合作协议，制定相关主体的行为规范。东北亚区域各国及下级行政单位，往往设立各种不同的制度和法规，所以我国政府和相关机构在对相关制度法规条

---

① 北京将打造"一带一路"国际旅游枢纽城市. https://www.mct.gov.cn/whzx/qgwhxxlb/bj/202112/t20211222_929944.htm.

例进行设立创新的时候，应严格遵循相关原则，同时因地制宜，确保制度和法规的有效性、灵活性。而相关专家以及科研人员也要及时解读和分析与文化合作相关的制度法规，掌握汉语言文化国际传播与交流的协议内容，为后续施政提供支持。

二、构建协商路径

汉语言文化在东北亚传播与交流的外部环境不稳定、内部文化不融合，因此传播交流阻碍不可避免，没有一蹴而就的解决办法，因此加强政策、制度、法规的协商也是"一带一路"背景下汉语言文化国际传播与交流的重要保障。由于传播影响因素的复杂性，在构建协商路径方面也是复杂的。要构建多层次、多维度的协商路径，深化利益融合，促进彼此互信，达成汉语言文化国际传播与交流合作的共识。东北亚各国可就文化发展战略进行充分交流对接，共同制定推进东北区域合作的规划和措施，协商解决合作中的问题，共同为具体的合作项目及远景规划实施提供政策制度法规支持。在"一带一路"背景下，充分发挥官方组织、引导和协调的作用，打破协商障碍，构建协商路径。

（一）构建高层协商路径

东北亚国家层面的高层访问和高层对话为汉语言文化国际传播与交流提供了强大的政治推动力。习近平总书记对东北亚国家都进行过访问，

"一带一路"背景下更有针对性的部长级对话次数众多，由此可见，"一带一路"官方的主导性作用得到充分发挥。但现有的高层协商路径多属于临时的、松散的、非固定的，这种协商通道在解决急难险重问题的时候能起到奇效，但所耗费的成本较大，因此未来的发展方向就是随着东北亚"一带一路"合作的深入，随着所出现问题的增多，要构建这种长期的、紧密的、固定的高层协商通道。

此外，东北亚建立合作关系，实施具体合作项目的各级地方政府，在国家层面达成的"一带一路"合作框架下，要制定出具体的、具有可操作性的实施方案，要就细节进行协商，这也需要地方政府高层之间的对话协商，而且这种协商更有灵活性、针对性。比如浙江省省长带领省内企业出国抢订单，就是地方政府层面的高层协商的显现。东北亚各国很多城市是友好城市关系，这促进了各国人民密切往来。以城市为主体，进行汉语言文化传播与交流，可充分发挥地方特色，尤其是我国东北和内蒙古地区利用地缘优势和文化共融优势，会营造出更和谐友好的文化交流环境，有利于协商解决我国与其他东北亚国家之间的合作问题。中韩间已有 73 对省 / 道（城市）结成了友好关系，进行对口合作交流。因此，以省、友好城市为基本单位，从地方层面构建协商路径，是实现汉语言文化传播和交流的有效措施。

（二）构建多边协商路径

汉语言文化在东北亚传播与交流中发生的很多问题往往是一方难以单独解决的，尤其是共性的问题，往往需要由多边政府协商解决。鉴于此种需求，需要构建多边协商路径。相比于双边协商，多边协商涉及的协商主体更多，协商难度更大。比如中国、朝鲜、韩国、日本、蒙古都曾有汉字使用历史，在当今社会也在不同程度地使用汉字。相同的文化背景下，建立一个共同识别的文字系统将有助于汉语言文化的传播和交流，将大大加快东北亚区域文化共同体建设进程。但是即使有这么多优势因素，由于涉及多个国家、不同层面、不同领域的使用者，至今还未看到这样的成果，这就急需构建多边协商路径，共商共议，以解决问题。因此多边协商要根据自身的特点，建立定期会晤机制，向非正式高层协商路径＋固定的高层协商路径的模式方向发展。可建立"一带一路"协调委员会，保障日常性的协商。

（三）构建分领域协商路径

从汉语言文化传播的历史来看，汉语言文化传播与交流主要有两种形态，一是纯语言文化的传播与交流，二是汉语言文化依托于具体领域的传播与交流，实际上两种形态也是相辅相成的，这种模式一直持续到了现代。"一带一路"倡议实施后，我国与东北亚国家围绕能源交通、基础设施、产品贸易等方面进行了交流与合作，形成了"一带一路"汽车产业发展国际论坛项目竞争性磋商、"一带一路"法治磋商、"一带一路"税收征管合作机制多边磋商、"一带一路"经济信息平台 CDN 加速服务竞争性磋商等方式，这些分领域协商的办法推动了我国与"一带一路"沿线国家在多领域的合作，成效显著，可不断扩大协商领域，在东北亚各国共同关注的领域加强合作。

东北亚地区汇聚了中俄两个大国以及不同民族文化、不同经济类型的国家，构建协商路径是解决汉语言文化传播与交流阻碍的必由之路。区域内大国之间要相互协调，可以采取顶层设计和灵活多变相结合的办法，在争议问题上达成一致，即根据需要协商解决的事项决定协调的时机。具体的管理活动和项目规划与实施都由有关的地方政府来承担。

建议实行高层协商与多边协商相结合，高层协商与分领域相结合，多边协商与分领域协商相结合，嵌套式协商路径强化所签订协议的约束性和功能性，保证高层达成的共识能够得到真正监督和落实。

三、搭建传播平台

发挥官方的主导作用还体现在为社会各界团体和个人搭建传播平台，整合资源配置，形成发展合力，将各种政策、制度、法规落到实处。具体的方法有：

（一）搭建高水平文化交流平台

1. 促进政府层面文化交流活动的举办

以东北亚区域各国中央和各级地方政府间的文化合作政策、制度和法规为基础，制定相关合作协议，以目标国家、市场的政府为汉语言文化传播客体，开展高水准的文化交流活动。这些都是在政府层面上开展的多种形式的交流项目，我国在东北亚区域文化传播与交流中发挥主导作用，已在国外举办丰富多彩的中国文化年、文化节、艺术节、电影节、电影周、电视周、高校教育展和博物馆文物展等活动。开展高水准文化活动展现了我国文化的风貌，树立了正面国家形象。例如，随着"俄罗斯年"的深入，中俄文化互动业已全面展开。中俄国家年为深化双边民间经贸文化合作，增进两国人民友谊，加强企业交流与合作提供了良好契机，必将推进双边经贸合作达到更高、更新、更富有成效的水平。

"一带一路"倡议由我国提出，我国政府、企业、社会组织、民众等积极主动组织各项语言文化传播与交流活动的同时，更希望得到沿线国家各方面的响应。"行动计划"提出要在 2020 年推动成立五大专业联盟，五大联盟均由中国方面发起，获得了各方广泛参与。截至目前，五大联盟均已成立，充分彰显了"一带一路"国际文化交流呈现的中国首发、各方参与的特点。

2. 以"一带一路"为主题的各类平台日趋规范化和常态化

"一带一路"倡议提出 9 年多来，我国与沿线国家互办各类活动，逐渐成为国家对外文化交流的平台。其中最具代表性的是"一带一路"国际合作高峰论坛。中国政府主办高规格论坛活动，目的在于总结"一带一路"进展，共商合作举措，推动国际合作，实现合作共赢。论坛包括召开圆桌会议和高级别会议。"一带一路"国际合作高峰论坛已成为高规格、高质量、高效率的合作平台。此外一些地方性的合作平台建设也方兴未艾，如"丝绸之路国际文化博览会""丝绸之路国际旅游节""中国—俄罗斯博览会""中国—东北亚博览会"。东北亚博览会是东北地区面向世界的窗口。但是相对于"上海自贸区""广东自贸区""天津自贸区""福建自贸区"这样大型的自贸区建设，针对东北亚地区的特色自贸区还有待创建。

（二）搭建国际智库交流平台

搭建国际智库交流平台能为"一带一路"顶层设计提供有效的智力支持，在协商解决矛盾、扩大多边合作共识、促进汉语言文化传播与交流等方面发挥独特作用。"一带一路"背景下，东北亚地区汉语言文化传播与交流需要进一步调动国际智库的力量，使其在区域语言文化交流中发挥更大的作用。为进一步提升智库在东北亚区域发挥传播与交流的作用，可着力加强以下三方面：

1. 搭建智库遴选平台

学界是"一带一路"东北亚区域合作交流研究的主要力量，根据理论造诣和实践经验从中遴选"一带一路"背景下东北亚研究智库。这里要强调的一点是智库的范围，由于东北亚区域汉语言文化传播与交流的复杂性，所以本章所说的智库既包括人文层面的智库也包括自然科学层面的智库。建立评价机制，保障智库的研究水平，其研究成果要与时俱进，准确把握"一带一路"背景下汉语言文化传播与交流的新趋势、新问题，利用东北亚区域合作科研资源，深入研究。

2. 搭建我国与东北亚各国智库合作交流的平台

目前，各国的智库都是独立的，出于维护国家利益，各国智库界限分明；但是"一带一路"倡议提出走合作发展之路，尤其是当沿线国家很多领域都有较深入合作交流的形势下，为了获取地区共同的利益，必须加强东北亚各国国家智库间的合作与交流。不同于一般的科研合作、学术交流，东北亚区域各国智库间的交流与合作需要官方的引导，为多边协议的制定和实施提供依据，一个东北亚各国共同参与的智库平台建设就非常必要了。根据分领域协商路径，联合智库平台可下设分平台，就各方共同关注的问题，开展定期会议以及举办不定期的论坛。由于新媒体技术的运用，解决了平台搭建的技术难题，可实现实时对接，这必将密切东北亚各国智库间的往来，促进各国智库间的合作，发挥智库的综合效力。我们可以想象，以东北亚汉字标准为例，由国家遴选全国最顶尖的专家，与东北亚各国同层次专家一道，在"一带一路"倡议框架内将快速出成果，解决多年来停滞不前的问题，这在现实中是有可操作性的。我们对近5年东北亚区域内的国际学术会议进行抽样调查发现，疫情全球暴发前主要举办的是线下的国际学术会议，且参加的国际代表数量和质量都不能与国内专家平衡；疫情全球暴发之后，国际会议基本上采取线上的方式，参会的专家从数量上达到空前的高度，但参与地区仍存在不平衡的问题，且存在学术资格的确定没有详细的标准，参加会议科研人员水平难以衡量的问题。由国家主导的东北亚各国智库合作交流的平台将很好地解决这些问题，促进政府间多边沟通与合作。对于那些参与专家来说，能充分彰显其学术引领作用，也能激发其不断提升自身的科研水平和综合素质，发挥智囊作用。各国专家展开探讨，也将促进汉语言文化的传播与交流。

3.搭建智库与相关产业的合作交流平台

要丰富智库成果的推广渠道，使研究成果转化为现实生产力。学者个人研究成果可以通过原有的学术期刊、著作等方式发布；对于平台产生的共同成果应实现成果共享，对接相关的合作企业。而由智库产生的行业标准等成果，将对接相关领域产业，加强东北亚各国间的合作，实现资源整合。这对文化产业发展是非常重要的，以前学界与行业合作多是个体的、分散的，双方都缺少这样经国家区域认证的平台；即使是这样的合作也多集中于能源化工、信息技术等自然科学领域，文化产业领域的合作不成体系，而"一带一路"背景下的智库——文化产业合作交流平台将极大促进该问题的解决。

第二节 以民间力量辅助汉语言文化传播与交流

虽然政府层面的合作与交流具有权威性，但"一带一路"背景下的汉语言文化传播与交流不能仅满足于政府层面，还要由官方延伸到民间，更需要活跃的民间传播主客体的参与，包括民间社会组织和民众群体。要调动各类汉语言文化传播与交流的主客体的主观能动性，实现多方联动。"一带一路"背景下的汉语言文化国际传播与交流要保持其传播效力，就需要建立在民心相通的基础上，特别是要处理好政府与民间的关系，实现政府与民间传播力量的良性互动。

一、发挥社会组织的作用

社会组织又称"民间组织""非政府组织"，泛指那些在社会转型过程中由各个不同社会阶层的公民自发成立的、在一定程度上具有非营利性、非政府性和社会性特征的各种组织形式及其网络形态。非营利性、非政府性和社会性是社会组织的基本属性，其中非营利性强调社会组织具有不同于企业等营利组织的特性，非政府性强调社会组织具有不同于党政机关的特性，社会性则强调社会组织在资金来源、提供服务和问责等方面的社会属性。① 现代社会，社会组织从其种类到数量都实现了快速增长，其在社会生活中的作用逐渐彰显。社会组织拓展了社会的包容力，是多元化社会格局的重要力量，其在增大社会资本的同时，也提高了民众参与社会生活的能力。汉语言文化在东北亚的传播与交流也要发挥社会组织的积极作用。

（一）发挥行业性社会组织的作用

社会组织是民间交往的桥梁，许多政府、企业不能解决或不好解决的问题，社会组织却可以发挥积极作用。《全国性社会组织评估总报告（2019）》提出应把社会组织纳入"一带一路"整体规划，对促进社会组织参与国际文化传播与交流具有借鉴意义。随着"一带一路"倡议实施，大量国际行业协会进入我国，这些行业协会本土化步伐的加快，越来越融入我国本土文化，成为推进我国行业建设的积极力量。这给我们本土的行业性社会组织带来了冲击，其对国内行业性社会组织专业化能力的要求不断提高，对适应国际惯例和参与国际竞争的转型需要越来越迫切。东北亚民间合作不同于欧盟、东盟等区域合作，这种合作还处于初级阶段，通过自愿、协商、自助的形式，以非国家行为主体为基础，在合作过程中，民间社会组织、中小型企业、个人形成相互依赖的关系。包括深度参与"一带一路"中的民生援助，把民间社会组织纳入"一带一路"以及对外援助制度体系，破除当前民间社会组织参与"一带一路"的各

---

① 王名. 走向公民社会——我国社会组织发展的历史及趋势［J］. 吉林大学社会科学学报，2009（5）：5-12.

种政策和制度障碍，特别是应尽快明确社会组织设立海外机构、设立境外账户、对外捐赠物资出口等事项的政策规定和具体操作办法，简化办事流程等。"一带一路"背景下，汉语言文化依托行业性社会组织传播与交流，对其组织能力建设和走向联合与互动提出了更高要求。

由于汉语言文化传播与交流在东北亚地区有共融的文化背景和共同的文化追求等优势，文化科技、文教、文艺、文体、文创等类别的行业性社会组织要积极主动参与东北亚区域文化合作与交流，发挥传统文化优势，拓展合作与交流的领域，扩大东北亚区域文化传播与交流的主体，创新东北亚区域文化传播与交流的方式，使中国文化与外交、商贸、文体、教育等工作结合起来，增进东北亚国家民众之间的相互了解和信任，进而提升东北亚国家对共建"一带一路"的认同感。2022 年在大连举行的"东北亚语言文化论坛"发布了东北亚国家语言动态资源库，该库是涵盖 11 个语种、总容量达 38 亿词的大规模多语种语料库。其中，东北亚国家特色语料库容量达 5 亿词。该项成果为开展东北亚语情分析及相关研究提供了丰富的语料数据资源和强大的技术支持。

（二）发挥网络社团的作用

由于新媒体技术的兴起，传播媒介扩大，改变了汉语言文化传播的格局，由此也给社会团体的合作交流带来了变化。各种形式的网络社团、虚拟社团如雨后春笋般发展起来，一些原有行业性社会组织的结社行为也在应用信息网络技术的发展方面出现了许多新的变化，汉语言文化需要与新兴的新媒体形式社会团体融合。比如我国各省都兴起了一批数字行业文创团体，其平台运营及实体经济联动方式都突出了一个"新"字，由此也带来一个问题——对其内容创作所涉及的版权保护要更加重视。

民间合作作为政府合作的良好补充，可以协助、推动政府间的交流。通过加强国际合作，加大政策扶持，极大地推动了区域一体化进程。但合作也面临各种困境，即交流的局限性和外部环境的制约性。政府应充分认识民间合作交流的重要性，健全法制体系，加强配套建设，加大支持力度，积极理顺政府、社会、企业、社团、公众之间的关系，为民间合作创造更为宽松的环境。

二、发挥民众个体的作用

与民交流是汉语言文化传播与交流的目的，也是汉语言文化传播与交流的手段。建立民众之间的情感基础，让汉语言文化走进东北亚传播受众的生活中去，有效提高我国与东北亚国家传播受众之间的信任感，与民交流尤为重要。中国作为东北亚区域大国，要勇担大国责任，以负责任的态度解决问题，从而建立友好的、平等的关系。汉语言文化传播与交流的目的是各方均受益、共进步。民众作为独立个体，在汉语言文化传播与交流中，也要以真诚的态度促进东北亚区域间的民心相通。

（一）发挥海外华人华侨的独特优势

海外华人华侨是汉语言文化传播与交流中的特殊群体。华侨华人这个群体可以划分为几种不同的类型，既有保留中国国籍的华侨，也有已经加入居住国国籍的华人，还有新老移民的区分。按照来源地的不同，海外华人还可以分为来自中国大陆地区的移民、来自中国台湾地区的移民、来自中国港澳地区的移民和来自其他地区的移民等类别。在来自中国大陆地区的移民中，又有来自传统侨乡的移民，和来自其他省份的移民。他们由于各自处境的不同，与中华文化的渊源深浅不同，在海外接触的人际网络不同，在传播中华文化的过程中会表现出不同的特征。① 因此由于东北亚地区华人华侨与中国的密切历史渊源、民族血缘，其在促进汉语言文化国际文化传播与交流中会发挥独特的优势。

1. 发挥海外华人华侨数量优势

《华侨华人研究报告（2019）》指出，截至 2019 年底，"海外华侨华人是目前全球最大的移民团体之一，全球 6000 多万华侨华人广泛分布在各大洲 160 多个国家和地区，华侨华人团体涉及贸易、科教和文化等领域，规模不断壮大、影响力日益扩大。而全球华侨华人中，有 4000 多万人口分布于'一带一路'沿线国家"②。例如，中朝边境贸易、旅游活跃，每年在中国居住的朝鲜族居民约有 15 万人到朝鲜去探亲、访问、旅游。

2. 发挥海外华人华侨人脉优势

海外华人华侨人脉关系广、社会动员力强，华人华侨涉及行业广泛，因此，华人华侨通常与侨居国官方保持着密切联系，能够通过其特殊身

---

① 詹正茂. 发挥华侨华人的作用促进中华文化在海外的传播［J］. 侨务工作研究，2012（1）. http://qwgzyj.gqb.gov.cn/yjytt/164/1965. shtml.

② 赵凯，黄华华."一带一路"六大经济走廊贸易现状与华侨华人的作用调查［M］/ 张禹东，游国龙，庄国土，贾益民，陈文寿.华侨华人研究报告（2019）［M］.北京：社会科学文献出版社，2020（12）：213.

份，与侨居国官方和行业团体进行对话，配合中国驻当地办事机构及华人社会团体开展活动。在新冠疫情暴发之初，各地急需大量的医用卫生用品，东北亚地区的华人华侨感同身受，快速动员，以民间力量迅速集结，购买物资，发往中国。在韩国口罩等急需物资供不应求、限购断货的情况下，大邱庆北华侨华人联合会第一时间响应，连夜奋战，四处寻找货源，筹集了 2.5 万个口罩，迅速装箱发往武汉等地区，釜山华侨华人联合会、庆南中国侨民协会组织募捐，蔚山华人同胞协会等侨团及蔚山大学留学生积极购买……在韩华人华侨齐心协力，共克时艰，为打赢疫情防控攻坚战贡献力量。日本陕西总商会、日本华侨华人博士协会及20 多个在日华人华侨社团一起携手行动，在驻日大使馆的协调下，和日本主流社会一道，捐钱捐物，建言献策，共同抗击新冠疫情，共渡难关。

3. 发挥海外华人华侨文化融通优势

在我国与东北亚区域国家民众语言文化合作交流中，华人华侨就是桥梁和纽带，华人华侨的言谈举止都代表着中国，都会直接或间接影响到别国对中国人的印象，这是撕扯不断的血脉联系。因此，华人华侨自强不息、质朴踏实、勤俭节约等优良品质都会给外国人留下很好的印象。华人华侨主动参与侨居国的社会事务、经济活动、文化活动等，不仅可以传播优秀的汉语言文化，还可以彰显优秀的民族精神和文化品质。

东北亚地区国家华人华侨分布特色鲜明，韩国华人华侨主要是来自于吉林的朝鲜族，蒙古的华人华侨主要是来自内蒙古的蒙古族，日本的华人华侨相对复杂，但来自大陆地区的东北人和来自台湾地区的民众是主体，俄罗斯的华人华侨也主要是来自东北的民众。东北亚地区国家的华侨华人既传承了汉语言文化的精粹，又汲取了侨居国的文化和历史，具备融通不同语言民族文化的天然优势，能够游弋于两种文化之间，日益成为汉语言文化国际传播的重要窗口。以海外华人华侨为桥梁的民间交流作为官方合作交流的有效补充，是"一带一路"汉语言文化在东北亚地区传播与交流的有效途径。

（二）发挥跨界民族的独特优势

在我国与东北亚各国边界生活着语言文化与其相同的多个跨界民族，东北的鄂温克、鄂伦春、达斡尔、赫哲、朝鲜、蒙古族等众多少数民族都是跨境民族。他们与中国传统儒家文化并不是同一文化源头，但在历史发展过程中，与儒家文化联系密切，已经融入汉语言文化大家庭，在对内传播关系中，他们又是构成中国"多元一体"文化主体的有机组成部分。他们与周边各国的人们有着密切的往来和频繁的联系，在文化上也显示出很多的共同点。一般而言，民族认同与文化认同的同一性，在一定程度上也是促进区域文化经济共同体进一步发展的推进剂和原动力。这种民族认同与文化认同的社会合力，也将进一步推动东北亚区域文化共同体的建立。在汉语言文化在东北亚区域传播与交流中，这些民族同胞会成为先行者。他们熟悉东北亚各国的语言、宗教、法律、习俗等，在传播汉语言文化时可以规避跨文化差异问题。

跨界民族作为文化的承载者与传播者，往往以自觉或不自觉的方式将自我的文化因子带入他者的文化系统之中，造成他者文化的多样性与流动性，打破了他者文化原来的平衡状态，在一定程度上推动了他者文化的流动。利用地缘优势，要使这些区域的跨界民族同胞对多元的中华文化产生强烈的民族自信心和文化归属感；面对文化相通的东北亚区域国家，可利用跨界民族同胞的语言文化优势，在共同的语言文化交流中，既巩固和加深其与东北亚国家传播受众的共同文化，同时，进一步将优秀的汉语言文化传播，形成对外强烈的吸引力。例如，我国的内蒙古自治区与蒙古边界线占中蒙边界线长度的 68%，而且边界两边是具有相同文化的跨界民族。地缘经济与文化在中蒙两国民间交往中发挥了桥梁和纽带作用，两国开展了包括汉语言文化交流在内的形式多样的民间交流。如定期在对方举办商贸洽谈会、展销会，组织两国中小学生互访，举办双方共同爱好的文体活动等。这使蒙古国民众更好地了解了内蒙古自治区和中国其他地区经济、文化快速发展的大好形势及中国对蒙古长期的睦邻友好政策。随着各种民间交往的日益密切，文化的多元共存一定会逐渐被东北亚各国所理解和接纳，也将为区域文化认同提供诸多可能。

同时，随着跨界民族的逐日增多，东北亚区域内的文化不仅面临着东方文化圈内部的相互碰撞与融合，也存在着东方文化与西方文化之间的接触与融合，即中、朝、韩、日与俄罗斯之间的文化互动。通过彼此交融的文化传播，可促进东北亚各国文化进行更深层次地转换与重构，有利于实现各自文化的现代化。一个民族的文化只有实现了自身的现代化，才有可能融入整个世界的现代化进程当中。

"一带一路"背景下，东北亚地区民间交流合作进展较为顺利，稳中有升，合作更加务实，但多是单边或双边合作，未来将在多边合作方面进一步加强，向建设汉语言文化传播与交流共同体而努力。

第三节　以企业推进汉语言文化传播与交流

　　语言文化是国家长久发展的内生动力，科学技术创新是企业发展的加速剂。在"一带一路"背景下，企业也不能独善其身式地发展，各类企业间的合作日益密切。东北亚各国企业可利用地缘优势，利用东北亚地区的能源、交通、文化优势，推动企业发展。汉语言文化是各国企业合作交流的必备力量，企业间的人文交流也是推动东北亚地区汉语言文化传播不可或缺的力量，二者互相影响，因此以企业推动汉语言文化传播与交流具有可行性。

　　"一带一路"为东北亚提供新的发展机遇，但由于东北亚地区环境的复杂性，各国政治、经济、文化的差异性，短时间内政府合作形成"东北亚文化共同体"并非易事，但企业间的经济往来却可以变竞争为合作，构筑"优势互补、平等互利"的良好企业合作态势。我国东北作为与东北亚各国合作与交流的前沿，是连接我国与东北亚邻国的门户和纽带，在"一带一路"中具有独特的地位和作用。我们要依托地域文化的优势，从战略高度和大局视角加强与东北亚国家的政治、经济、文化往来，立足优势，强强合作；扭转劣势，微观落脚；调整平势，稳中有进；凸显的是我国的文化影响力，推动汉语言文化走出去；以区域合作加强企业层面的合作与交流，促进汉语言文化的有效传播。

一、企业产品的汉语言文化解读与增值

（一）以汉语言文化解读产品

没有文化的产品是缺少灵魂的，也是缺乏后续动力的。对产品进行文化解读是企业长线投资的必需，特别是当产品走出国门，这种文化解读显得尤为重要。不仅要考虑产品自身，还要考虑使用者的文化背景、价值理念等因素。以韩国著名化妆品品牌"Whoo"为例，Whoo 的品牌文化阐释是企业产品汉语言文化理解和运用的典范。Whoo 的配方定位是宫廷韩方，配方灵感来源于韩国传世医书《东医宝鉴》中记载的皇后的养颜秘方，《东医宝鉴》受中国古代医书《本草纲目》影响深远。Whoo 是萃取《本草纲目》中记载的稀缺名贵药材，结合现代科技，凝练而成的宫廷级奢华化妆品。Whoo 进入中国，被翻译为"后"。"后"在中国传统文化中有两种含义：一是指上古帝王，二是指后世帝王的正妻。无论哪种解释，都给人一种心理暗示，Whoo 是高贵的代名词，这是对其产品定位的最好阐释。翻译成汉语之后，仅一个"后"字，有"独一无二"之感，简单醒目。我国企业的产品在诞生之初就要考虑其文化内涵设定，走出国门更是要结合汉语言文化，通过产品翻译等手段二次加工，运用汉语言文化内涵对产品深度解读。

（二）以汉语言文化增值产品

企业产品好的语言文化定位只是第一步，不能止步于此。借助语言

文化还可以使产品增值。仍以 Whoo 为例，其高端系列产品外包装采用传统锦缎和云霞图案，有古典意蕴，契合产品的宫廷级定位。产品瓶身和外包装采用传统汉文化中的金色和紫色色调，金色趋近于中国古代帝王专用的明黄色，紫色在传统认识中代表着高贵，这两种颜色在传统文化中都与高贵相联系，也契合产品文化定位。外包装上的企业标志"后"没有采用日常使用的楷体、宋体等，而采用独特的艺术字手法，似一位高贵的女性伫立，但又不失柔美。产品内包装也符合汉语言文化传统审美，瓶身运用椭圆形设计，瓶盖状似传统建筑中的飞檐，是古典建筑技术的再现。内包装色调与外包装保持一致。其对产品的设计和包装符合产品的定位和消费者所追求的价值取向，是阐释东方宫廷之美的代表作，深受高端消费者的喜欢。"后"产品从设计、包装、营销等方面，充分运用汉语言文化，实现了产品的增值，值得我们借鉴。

二、企业员工的汉语言文化学习与培训

"一带一路"背景下，企业发展不能故步自封，要积极参与国际竞争，这还有赖于和"一带一路"沿线国家企业以及相关经济机构之间的交流与合作。我国企业和相关机构做出对外投资决策的时候，必须严密结合相关的要求和规定，且严格遵循契约规范，相关人员的法治意识提升到位，进而和其他国家文化机构正常进行商贸合作，最终达到经济共赢的目的。此外，我国企业和相关机构必须着重进行文化领域的体系和

机构建设，以凸显民族传统和经典文化为核心，创新企业文化体系建设，增强人民群众的团结协作能力和文化合作意识。在企业进行商贸经济合作的过程中，我国企业必须展现出大国气度、诚信精神、工匠精神等，让其他国家的企业信服和欣赏。

（一）企业员工汉语言文化培训的必要性

随着中国改革开放大门的敞开，越来越多的合资企业、外资企业进入中国，我国的企业也逐渐走出国门成为跨国公司。这些企业在中外文化互动中不同程度地受到多种语言文化的影响。本书所涉及的企业员工包括三类：一是我国企业派驻国外工作的员工；二是在我国经营企业中的外籍员工；三是我国有外籍员工企业中的其他中方员工。

1.企业员工入职的先决条件

随着我国综合国力的增强，掌握汉语言文字、学习汉语言文化是很多涉华贸易企业招聘员工率先开出的条件。比如韩国很多企业在招聘员工时，要求入职者掌握一定数量的汉字，不仅是三星、现代这样的大企业，还包括一些小型的贸易公司、旅行社，甚至是商场的导购员。这是对其本国传统文化的致敬，更是现实经营的必需。

从 2004 年起，韩国五大经济团体旗下公司在入职招聘时要测试汉字能力，能识读 1817 个汉字、书写 1000 个汉字是最低入职标准，此后升职还要进一步测试，因而韩企员工必须保持汉语言文化热度，不断学习。这一制度陆续被许多企业引进。所以今天我们才能看到首尔小胡同里咖啡馆的服务生能用汉语给你提供服务，只能容纳 10 人的小面馆可以用支付宝付账，逛韩国机场免税店如同在国内商场。我们能看到的这些便利，不是一蹴而就的，这是因为韩国企业意识到汉语言文化学习和运用在企业发展中的重要性。

2. 国际企业发展的必要条件

企业在跨国经营过程中，企业员工不同的文化背景、文化差异可能导致文化冲突，包括员工之间的文化冲突和员工与企业运营之间的文化冲突，这都将影响企业管理，增大企业运营成本。跨文化培训是国际企业发展的必要条件。我国同样有很多外资企业、合资企业，也需通过汉语言文化培训克服这种文化差异，使员工在多元文化环境中能够彼此调适，将文化冲突消灭在萌芽中，使企业管理效益最大化。只有具备核心人才，才能正常开展相关工作。参与国际文化传播与交流合作工作的人员，不仅要熟练掌握本土文化，还要学会熟练应用；不仅要了解相关目标国家的经典文化，还要明确相关文化禁忌和注意点等；不仅要具备丰富的专业知识，还要有较开阔的国际化文化视野；不仅要具备高超的国际文化交流和沟通技巧与水平，还要具有国际文化传播与交流和合作能力。要想正常开展"一带一路"区域汉语言文化传播与交流合作工作，必须着重于培养参与人员的综合素质和专业能力。

（二）企业员工汉语言文化培训的内容

这方面的培训主要包括汉语运用培训以及汉文化融合培训。

1. 汉语运用培训

汉语运用培训主要涉及在我国工作的外籍员工，比如三星公司的韩国专家和家属，遍布国内各大高校和中学的外教，都可以参与到这项培训中来。通过汉语培训帮助他们克服语言障碍，更快适应我国的语言环境。在培训中，我们发现这些外籍员工和家属对东北方言尤为有兴趣，"波棱盖（膝盖）""秃噜皮儿（磕破皮）"这样的东北话有时张口就来。语言本身也是一种文化，学习汉语、接触方言也是渴望了解我国文化的表现。

2. 文化融合培训

文化融合培训更为复杂，广泛涉及政治、经济、文化的方方面面，所以此类培训是一个长期的过程，上述所说的三类员工都应参加此类培训。有外籍员工 HSK 考试已经通过最高的六级，还拿到了口语测试的高级证书，但仍旧不能融入汉文化。在做这方面的培训时，首先要关注培训受众的文化心理，做好心理建设，从源头消除其文化抵触情绪。我们可以采用文化沙龙的形式帮助员工掌握所在国家区域的语言文化情况，尽快适应生活及工作环境；理解所在国家区域的文化选择以及企业文化，提高生活品质；实现文化吸收，融入周围的生活工作环境，充当两种文化沟通交流的桥梁。这种培训可以发生在出国前，也可以发生在出国期间。文化融合培训还包括企业员工内部的文化融合。外籍员工在学习所在国语言文化的同时也在潜移默化地影响着一定范围内的语言文化。比如企业中的欧美员工会将咖啡文化、下午茶文化带入企业，有伊斯兰文化背景的外籍员工需要在固定的时间内履行宗教仪式，时间上会与企业原有管理制度有冲突，诸如此类的文化差异也要求企业做出相应的调整，其他员工也在一定范围内做出调适，而不是一味地要求外籍员工进行汉文化融入，这是一个双向的过程，目的是使企业整体进入文化融合状态，员工成分越是复杂的企业越需关注这一点。

3. 文化维护培训

文化维护培训是指对汉语言文化的维护，此类培训主要涉及出国履职的中方员工。主要包括两个方面：一方面是由于国外语言文化环境复杂，我们除了强调文化融入，还应对员工的汉语言文化自信进行培训，使其对自己我国的文化有更清晰的认识，增加其文化认同感，在面对纷繁的文化环境时能够进行甄别，做出有效选择。另一方面是对长期驻外的员工进行归国前文化维护，中国发展日新月异，此类员工中很多已经融入国外文化，回国后发现很多环境都发生了巨变，将面临新的文化冲击。比如微信是 2011 年迅速普及的一款社交软件，广泛运用于日常交往和工作中，国外更多使用的社交平台是 Facebook、MSN 等，涉外员工也需在不同使用习惯中转换。因此必须有前期文化维护的培训，使其更快适应归国工作和生活。

（三）企业员工汉语言文化培训的方式

企业员工汉语言文化培训的方式可以从三个层面进行：集中培训和个体培训，课堂培训和新媒体培训，理论培训和实践培训。

1. 集中培训和个体培训

集中培训一般在企业新员工入职时，外派员工出国前、归国前进行，企业集中人力、物力，选择对汉语言文化、目的国语言文化、企业文化都了解的专家进行授课。集中培训的优点是可以节省培训成本，并且能选择有影响力的专家，教学内容信息量大，短时间内最大限度地达到培训目的，还可以促进员工间的沟通交流。个体培训，时间上更为灵活，企业可根据具体工作安排，随时调整培训时间、场地和内容，优点是更有针对性，解决即时问题；缺点是人力资本耗费大，员工缺少沟通、比较的对象。

2. 课堂培训和新媒体培训

课堂培训是传统教学方法，可以采取教师讲授、观看影音视频、课堂讨论等方式，形成师生间的良好互动，特别是针对具体案例的分析，可以激发员工的学习热情。也可以采取基于网络的新媒体培训方法。随着新媒体的兴起，借助网络技术对员工进行培训的方式逐渐为大家所接受。目前市场上已经推出了此类培训软件，反响较好的如 Palk Li 公司生产的"衔接文化"，主要用于一般性的旅行生活。另一种是 Trom penars Ham pden-Turner 公司设计的"文化指南"，其设计依据是各国不同的风俗习惯，此款软件对跨文化学习者处理日常文化差异有引导作用。目前很多跨国公司通过内部研发系统，提升外派员工的技能。针对企业汉语言文化培训的软件还比较匮乏，特别是针对我国企业员工汉语言文化培训的软件开发还是空白。新媒体培训的好处在于交流更为及时、有针对性，能利用员工碎片化的时间，减少企业人力和时间成本。

3. 理论培训和实践培训

理论培训是基础，汉语言文化是一个复杂的体系，没有一定时间的理论基础学习是无法达到培训目的的。特别是针对语言的培训，必须达到一定的时长，可以参考韩国企业的汉字入职测试，制定一定的测试标准，对员工进行考核。实践培训与理论培训相辅相成，语言文化的学习是为了运用，让员工设身处地地感受语言文化差异，建立新的人际关系，化解矛盾问题。

三、文化产业发展模式注入汉语言文化因素

我们要紧跟文化产业发展新动向，让文化产业回归文化市场，协调语言文化产业与传统区域文化发展，把握我国文化产业发展的外生动力。

（一）打造文化产业合作新模式

中国与"一带一路"沿线国家的文化贸易合作交流快速发展。一方面，文化贸易规模不断扩大。2020 年 3 月 17 日，商务部服贸司负责人就 2019 年我国文化贸易发表谈话，指出："2019 年，我国文化贸易保持平稳快速发展。文化产品进出口总额 1114.5 亿美元，同比增长 8.9%。其中，出口 998.9 亿美元，增长 7.9%，进口 115.7 亿美元，增长 17.4%，贸易顺差 883.2 亿美元，规模扩大 6.8%。"[①]另一方面，文化产业结构不断优化。

"一带一路"背景下，中国的长三角、珠三角、京津冀三大都市群都已经形成文化创意产业集群，日本的东京、韩国的首尔也都是文化创意

---

① 中国新闻网.商务部：2019 年中国文化产品进出口总额同比增8.9%［EB/OL］.［2020-03-17］. http://www.chinanews.com/cj/2020/03-17/9128289.shtml.

产业发达的大都市区，与中国香港特区、中国台湾地区的文化创意建立了紧密联系。东北亚文化合作实质上已开始接触，但还没形成规模化。因此要打造中国与东北亚国家文化产业合作新模式——"文化＋科技"。建设"文化＋科技"文化产业基地，为汉语言文化产品孵化提供保障。该基地由汉语言文化体验区和汉语言文化产业区组成，产业区与体验区有机组合，形成相辅相成的整体。创意开发的文化产品可以输入体验区，为体验区提供服务保障和检验创意产品的社会效应，也可以直接投入市场为企业盈利。东北亚各国可以把文化产业的优势集中起来，创造一个由特色文化体验区和产业区组成的国内外文化产业相结合的全产业链。东北亚各国根据文化消费者的不同需求，开展互通有无的文化交流，既可提升本国文化软实力、创造经济效益，又可以增强本国文化影响力。当然文化传播内容不仅要满足中国人民需求，更要符合东北亚各国民众的期待。

东北亚各国应加强产业文化合作，在进行文化产业合作时要积极寻找文化产业的共有特性，不仅是文化素材的合作，还包括文化价值的全新合作，致力于创造东北亚新兴文化产业带。东北亚国家联手合作共同应对，比某一国家单独制定对策更为有效，其结果将是共同受益。东北亚各国文化资源与文化传统具有同源性，在审美观念、价值观念和伦理观念上多具有相似性，易于相互沟通和共享文化资源。以积极合作的姿态共同应对文化差异，扭转以西方为中心的全球文化产业布局。

（二）孵化汉语言文化品牌产品

文化产品作为文化的具体体现，是有形的东西，体现了语言文化的价值观，是语言文化内涵的外在表现，文化产品也为人们建立和开展各种文化交流提供了物质依托。我国在农产品进出口方面是实现贸易顺差的，而在文化类产品方面始终是贸易逆差。跳出固有模式的藩篱，我国可以为原有的文化品牌深入进行文化解读，挖掘其内涵。

引入"品牌"的概念是因为品牌与国家形象之间存在着一种相互作用的关系，一个国家的文化品牌通过传播特色文化能够反映国家形象，而国家形象会强化文化品牌在国际上的地位。标志性文化品牌在众多品牌中具有代表性、标志性，通过文化品牌，汉语言文化得到传播和发展，增进了"一带一路"沿线人民对中国文化的认同感。在物质文化极大丰富的今天，人们更渴求精神上的满足。在旧有市场格局已经被切分的现实条件下，我们可以利用自身的文化特色开发新文化品牌，开拓新的文化市场。世界上许多国家从文化传播中获得丰厚的利润，成为文化发展的风向标。比如"钻石文化"就是语言文化传播与商业模式结合的成功案例。"爱情恒久远，一颗永流传"成为风靡全球的一句广告词，当钻石与爱情建立联系后，钻石成为未婚少女的梦想，是婚礼的标配，其背后的经济效益自不必说。令人震惊的是，1990年这句广告词才进入中国，在不到20年的时间，这种源于商业模式的推广，最后改变了东方传统文化中绵延了上千年的、根深蒂固的"金玉"观。在传统文化中，"金玉"是婚姻象征，是贵族男女成婚的必备之物。钻石文化已广泛为中国大众所接受，完成了从被动接受到主动接受的转变；而文化背后的经济现实就是，中国成为全世界第二大钻石消费国度，未来有可能成为全球最大的钻石消费国。"一带一路"背景下，"美丽中国""国家文化年""丝绸之路文化之旅""丝绸之路（敦煌）国际文化博览会"等 10 余个具有中国特色、国际影响的标志性文化交流品牌逐渐树立。中国广播影视文化产业对外贸易的优秀作品大幅增加，在国际文化会展陆续推出了"一带一路"专馆或专区。例如，黑河市人民艺术剧院申报的"《江水霓裳》中俄风情秀"。这些项目覆盖文化投资、演艺、工艺、美术、文化、旅游、数字文化产业推介推广、游戏动画的开发与合作和产业营销推广等多个领域，促进了"一带一路"沿线国家文化贸易的发展。但能辐射整个东北亚地区、有影响力的文化品牌还有待开发。

近年来我国的近邻，朝鲜半岛上的韩国文化以"韩流"的形式袭来，热播的韩剧使得韩国文化产品成为市场宠儿，由文化产品热销进而带动了其他行业产品的热销，如旅游业、化妆品业，消费需求激增。文化产品负载了出产国家和区域的价值理念，我们要考虑到消费者的文化心理和文化认同。相比之下，我国的文化产品能在国际市场上产生较大经济效应和文化效应的现象却很少，这是我国文化对外传播中一个不容忽视的问题。中国作为一个有着深厚底蕴、悠久传统的文化大国，创造出五千年灿烂的文化。我们要将汉语言文化传播当成一个文化品牌来树立，发挥语言文化品牌的作用。《来自星星的你》《大长今》《请回答1988》等韩国电视剧受到许多中国人特别是年轻人的喜爱，在中国已经形成"韩流"。同时"汉风"也在掀起，《琅琊榜》《甄嬛传》《乔家大院》等也走出国门，出口到韩日。综艺节目的拿来主义广为大家诟病，直接引进和技术上的改装都不是长久之计，实际上我们在这方面已经初步进行了尝试，取得了很好的效果，建立了自己的汉语言文化国际传播品牌，综艺节目《中国汉字书写大赛》《梨园春》等广受好评。除了国家级的媒体企业，省级媒体在这方面也有很好的范例，受关注的一档节目《我就是演员》已经与美国签约，被称为中国原创节目首次落地欧美。我国企业也应在这方面进行尝试，东北现有的黑土地文化、二人转节目也可以做新、做精。

中国输出的汉语言文化产品要反映中国价值观念、精神和审美追求，做到思想性、艺术性、观赏性的有机统一。"李子柒现象"对于文化传播具有现实意义，它说明中国的文化传播应当传播的是生动活泼的大众文化。至少使人从感性层面形成对一种文化的初始印象，为更高雅的文化打开空间。与此同时，流行文化大行其道。动漫文化席卷东北亚各国，比如日本的《名侦探柯南》《海贼王》《灌篮高手》《龙珠》等人们耳熟能详，中国的《葫芦兄弟》《喜羊羊与灰太狼》《哪吒闹海》《大鱼海棠》也走出国门。流行音乐是东北亚各国年轻人共享的领域，大受年轻人的欢迎。东北亚的年轻人享受的流行文化越来越相近。尤其值得关注的是繁荣的电视剧文化成为东北亚文化当代互动的代表。电视剧文化消费在东北亚各国民众的日常文化生活中都占据重要的地位，特别是中、日、韩三国，无论在主流黄金时段还是在非黄金时段，电视荧屏上都不断播放着彼此摄制的不同题材、各种类型的电视剧，深受东北亚观众的欢迎。电视剧引发的文化震荡，再次证明了东北亚各民族的文化精神是共通的。爱情、道德、忠诚、伦理和人性等是人类孜孜以求、永恒相通的文化主题。只有立足民族，以开放的文化姿态，相互吸纳，相互融合，才能够推陈出新。

　　文化交流活动的日益活跃与深入，为东北亚区域的文化认同提供了广阔空间。文化的影响力可以超越国界与政治意识形态，以其本真样态自由地跨界流动，"韩流"与"汉流"在东北亚区域的传播，日本的动漫等现代文化样式依然在东北亚区域内拥有一定的市场。特别是伴随着各国间文化互动的日渐深入以及互联网发展的不可遏制，东北亚区域内多元文化的互认、互识、互证与互补将不断加深，进而逐步强化东北亚区域的文化认同。

第四节　以人才培养保障汉语言文化传播与交流

"一带一路"背景下，东北亚区域教育领域也要通力合作。《推进共建"一带一路"教育行动》出台后，教育合作取得重大进展。沿线国家通过签订互换留学生协议，联合培养、合作办学，建立远程教育传播体系等方式进行教育交流与合作。根据《"一带一路"发展报告（2018）》专题篇"'一带一路'教育合作研究"可知，《推进共建"一带一路"教育行动》出台后，"一带一路"教育合作进入了实质性发展阶段，围绕"提质增效"的整体取向开展了多方面的工作，取得了成效。[①]

一、调整完善汉语国际教育的标准框架

（一）构建汉语言文化传播标准

在当前"一带一路"背景下，面对多元文化社会，汉语国际教育面临重大挑战和重要抉择。我们要加强与东北亚区域国家政府的沟通，让

---

① 李永泉，王晓泉."一带一路"建设发展报告（2018）［M］.北京：社会科学文献出版社，2018（3）：210.

语言教育能够顺应时代变化和趋势。我国应通过政府交流，促进其他国家将汉语教育作为国家教育制度的一个基本内容和重要任务，通过制度规范，对汉语言文化的传播、发展、使用做出明确的规定，完善汉语言文化教育体系，让汉语言文化传播能够有效推进。

我国政府可根据汉语语言特点，结合其他国家语言教育的现实，构建标准化的语言教育框架，并利用政府的力量进行推广、应用，促进汉语言文化标准教育体系在各国的构建，与其他东北亚区域国家在教育上继续加强合作，开展文化交流，拓宽文化沟通渠道。

（二）做好人才培养发展规划

随着教育的国际化发展，东北亚地区各国的教育开放程度越来越大，人才流动与交流颇具规模。尤其是在"一带一路"背景下，中国的教育政策、资源、项目等向"一带一路"沿线国家倾斜，不仅吸引优秀的沿线国家学生来华留学，而且也鼓励国内优秀青年出国留学。我国持续保持世界最大留学生生源国地位，吸引来自 204 个国家和地区的 48.92 万名留学生在中国高等院校学习，规模增速连续两年保持在 10% 以上。高层次的留学人员不仅仅是学科专业发展的基石，也是语言文化传播和发展的重要枢纽。随着城市国际化发展和跨国企业的增加，海外留学生在当地就业已成为较普遍的选择。各国之间的经贸合作、人际交流也将更加紧密。海外留学生毕业后留在当地就业，不仅能快速适应当地的工作生活环境、融入所在国社会人际沟通，还具有多元化的语言文化优势，有助于企业国际化发展。

东北亚地区各国应以优惠的政策和强大的吸引力，出台相关优惠政策，扶持留学生获得更多奖学金和就业机会。鼓励留学生毕业后留下来为当地的建设发展服务。对于聘用外国留学生达到一定比重的企业，政府可以根据企业性质，给予税收优惠或跨国投资扶持等优先发展机会。地方政府也应以海外留学生创业就业为基点，向中青年企业家、留学创业者提供更多交互式文化体验、多元化文化交流的平台。一方面，由政府主导、社会相关部门共同资助，借助海外友好城市或联合培养办学的高校平台，举办东北亚区域国家中青年多元文化夏令营、青年企业家跨国创业体验、东北亚区域国家进修等实践活动，加深青年创业就业人员对目标市场、东北亚区域环境的认识，加大跨国合资合作创业的扶持力度，带动海外就业。另一方面，促进东北亚地区人才共享，形成区域内开放，鼓励更多跨国、跨地区的创业就业人员从事汉语言文化产业传播事业，有利于形成多元文化的良性互动。

（三）建立人才培养资助体系

除政策支持外，政府在汉语言文化传播方面也应给予足够的经济支持。从英语的传播来看，英美等国都在政府的推动下有计划地实施本国的语言文化发展规划，给予足够的资金，宣传本国文化。我国也应借鉴这一经验，建立多方协同、共同资助的资助体系，奠定文化传播的物质基础。促进管理体制的建立，政府牵头，多个机构共同推进，各个高校、社会组织共同努力，推动教育研究工作的开展，形成统一高效且运作良好的汉语言文化传播人才培养资助体系。

二、高校对外汉语教学是人才培养主阵地

汉语言文化传播在很大程度上还是有赖于教育的实施。为保证传递信息的准确性，避免误导国外受众，需要加强汉语言文化教育，重视汉语言文化人才的培养。对外汉语教学仍是我们传播的主阵地，高校是实现汉语言文化传播的重要场所。国内各高校应结合实际情况，构建汉语言专业课程，完善来华留学教育体系，促进汉语言专业学生的培养，为汉语言文化传播以及各国之间的文化交流培养人才。在完善来华留学教育体系的过程中，高校应把握以下两点：

（一）设置汉语言文化专题课

高校在对外汉语教学过程中，应该利用基础课、选修课、实践课，融入文化内容，例如开设民俗课、区域文化体验课等相关课程，增加学生对文化的体验和了解。专题课是针对一项主题进行教学，建立在学生需求之上，针对性强，文化容量大，较选修课而言更具灵活性。在专题课设计中，高校首先应优化课程内容，例如从历史文艺、空间、生活方式、风俗习惯等角度设计汉语言文化专题课，将汉语言文化进行专题传播。另外，注重第一课堂和第二课堂的结合，将文化讲授和文化体验活动相结合，构建能够吸引留学生、具有趣味性的文化要素，促使其学习、研究汉语言文化。"一带一路"背景下，我国相关高校专业应有针对性地开设"一带一路"国家文化专题课、"东北亚"区域文化专题课，将汉语言文化融入这些专题课教学中。

（二）丰富文化活动主题

高校可以以文化民俗技艺、节庆文化等为主题，举办汉语言文化知识竞赛。留学生利用这些生动有趣的文化活动，能够产生对汉语言的好奇心，在开放的氛围中化解文化冲击，消除焦虑感。这样可以提高留学生对汉语言文化的学习热情；可以满足留学生的文化需求，帮助留学生提高跨文化交际能力，融入当地生活；可以增加留学生学习生活中的文化容量，丰富教学方法，提高汉语言文化教育水平。

掌握相同语言的人会有更为接近的思维方式和价值观，进而产生相似的共鸣和价值认同。汉语言文化同各国语言文化存在差异，即便同属东亚汉字文化圈的韩国和日本与我们有共同的汉源文化，也保留一定存量的汉语、汉字痕迹，但与汉语言文化存在差异也是显而易见的，细微处更见不同。因此，从文化活动入手可提升对外汉语教学的效果。

三、海外孔子学院是重要辅助

2004 年底世界上第一个中国孔子学院和亚洲第一个中国文化中心在韩国首尔挂牌，学习汉语热在韩国不断升温。"一带一路"背景下，我国在汉语国际教育方面取得了丰硕成果，其发展势头良好。孔子学院已经遍布全球 126 个国家或地区，沿线国家已经成立了众多孔子学院，衍生了形式多样的海外孔子学院，孔子课堂、海外文化中心等涉及东北亚地区各个国家，签订了文化合作协定等有约束力的政府间文件。

在"一带一路"背景下，中国与沿线各国之间的交往日趋密切，汉语学习、中外文化互通交流需求持续旺盛。孔子学院担负着汉语教学、师资培养、文化传播等功能，"一带一路"倡议的实施，离不开孔子学院的积极参与。我国要大力创办好孔子学院，从多个渠道入手，在实现中国优秀传统文化大范围传播的基础上，分享和推广我国的汉语文化。我们要凸显我国孔子学院的教育优势和精神，让更多的国家了解中华经典文化，强化中国优秀传统文化的传播价值，改变文化传播和交流的空间格局，不断完善国际文化教学制度和体系，不断提高文化推广质量。借着孔子学院发展的东风，汉语言文化传播与交流要依托孔子学院建设平台，开展传播与交流。

（一）加大文化宣传

加大文化宣传，促进东北亚地区不同文化之间的理解和认同。"一带一路"倡议实施之初，东北亚一些国家对"一带一路"的了解不够深入，甚至存在误解，这必然会影响汉语言文化的传播。在这种情况下，孔子学院要主动发挥作用，加强宣传引导，向沿线国家介绍"一带一路"倡议，传播互利共赢的理念；同时，充分考虑到沿线国家的不同情况，尊重他们的宗教信仰、风俗习惯，并利用中国传统文化中的"和""善""求同存异"等理念提高其他国家对中国文化的了解和认同，增进彼此的信任感，让汉语言文化在其他文化中落地生根。

（二）做好信息共享

在建设孔子学院的前期，责任主体应加强调研咨询，了解当地的汉语学习需求、汉语教学状况，分析国家与国家之间，民族与民族之间，地区与地区之间，在风俗习惯、文化价值、道德观念方面的差异，对文化、教育等方面进行咨询，进而在"一带一路"视域下，有针对性地加强孔子学院建设，如建立东北亚区域语料库、东北亚文献语料库、东北亚汉字研究语料库。

四、以分层汉语言文化教育为实施重点

（一）做好学段教育

教育阶段可划分为学前教育、基础教育、职业教育、高等教育和成人教育。不同教育阶段具有不同的特点，教育合作应充分结合不同教育阶段的特点，制订相应计划。如，基础教育方面，建议加大中国与沿线国家校际夏令营、冬令营活动，开发外国语语言网上小课堂。

（二）做好成人职业教育

职业教育方面，建议加大对"一带一路"发展中国家的技术和管理人才培训力度，建议中国职业技术与培训机构与外国产业合作共同提供职业技能培训，"鲁班工坊"的建立就是一个成功的案例。成人教育方面，建议与东北亚各国开发实习岗位，提供锻炼机会。

加强汉语言文化传播和交流与国际组织进行合作，"一带一路"东北亚教育联盟可以尝试与联合国教科文组织合作，推动中国一些院校获取联合国教科文组织的教席地位，与联合国教科文组织共同发学历证书，培养拥有国际视野、中国经验的复合型人才等。

五、中外合作办学是汉语言文化人才培养推动力

国家"双一流"战略为我国高校人才培养提供了新的发展机遇。我们要依托我国教育大国的优势和交界东北亚的地缘优势，在"一带一路"背景下，加强与东北亚国家的教育交流，凸显我国的教育影响力，推动我国高等教育走出去，推进汉语言文化人才的培养。

（一）加大汉语言文化传播效力

国内很多高校开设了汉语国际教育专业，培养了大批人才。关于汉语外语教学的理论体系也日臻完善。

高等教育国际化是世界发展的时代潮流。随着经济全球化深入发展，人力资源和物质资源跨国家、跨地区交流成为新常态。高等教育领域的国际交流合作也在或主动或被动地发生着。尽管各国大学办学定位、文化特色各不相同，但开放包容、合作互补已经成为共同的选择。综观世界范围内的一流大学，国际化都是其发展战略的重要组成部分。越来越

多的国家意识到必须在全球的视角下审视教育改革发展，高等教育国际化已超越教育政策层面而上升为国家发展战略。我国高校也应抓住这一最佳时机，充分发挥新专业在高等教育国际交流中的优势，以教育受众为中心，增强针对性和适应性，优化合作策略，提升中外合作办学的能力，实现"双一流"的目标。鉴于现有的中外合作办学新趋势，传统的中外合作办学内涵应该不断延伸，打破原有的局限，把握中外合作办学的主导权。

为实现中外合作办学的广度，可多渠道促进中外合作办学。且在自媒体飞速发展的今天，如果能实现高校教育机构与自媒体的对接，合理利用新媒体资源，发挥平台优势，通过在线教育等方式传播汉语言文化，利用个人碎片化的时间，更能使国际受众逐渐了解、接纳并认同，实现教育效果的最大化。还需要关注文化求同的重要性，各文化中的普世价值因素，在传播中避免文化强迫和同化。加强中外合作办学引起了身处不同文化学者的强烈共鸣，展现文化国际传播的共通性。加强文化创新和成果转化平台建设，深化产学研结合，增强文化创新和成果转化能力。

（二）促人才培养内涵式发展

在"一带一路"背景下，中外合作办学合作双方的交流是双向互动的，其目的是促进人才培养内涵式发展。目前我国在学生国际化方面做得较好，生源国际化和学生学习经历国际化方面初具规模。但是在教师国际化方面还有待加强。

1. 师资国际化

以中外合作办学培养国际化的教师队伍，提升教师队伍素质，出名师，形成名师教学团队，以培养国际化的汉语言文化传播人才。师资国际化包括两个方面：师资结构的国际化和师资水平的国际化。师资结构国际化首先需要吸引国外优秀教育人才，可以采取直接引进的方式，我国很多高校都建立了人才引进绿色通道，其中就包括对海外高水平人才的引进。师资结构国际化还应注重本单位教师的"海外经历"养成，包括海外学位学习经历和海外研修学习经历。近年来，国内很多高校都在有计划地持续选派教师出国学习交流。教师官方渠道方面，可以通过国家层面、省际层面和校际合作平台进行国际化交流学习。以北华大学为例，以联合培养项目为纽带，开展全方位实质性合作。通过中韩、中日、中芬、中俄双方教师互派，学生联合培养，取得了人才培养和科学研究的丰硕成果，实现了"走出去"和"引进来"。

2. 师资水平国际化

师资队伍国际化的根本目的是要实现师资水平的国际化。对本校已实现经历国际化的师资要求其将国际化落到科研教学的实处。同时还要积极创造条件，持续提高师资水平，努力培养能在本学科领域与国际同行进行平等交流的师资。积极参与或组织国际和区域性重大学科计划和会议，学术交流着重协同共享。加强与世界一流大学和学术机构的实质性合作，将国外优质教育资源有效融合到教学科研全过程。加强国际协同创新，确定共同科研选题，共建科研团队或平台，形成学术共同体，进一步拓展国际学术交流的广度、深度，催生出实质性的学术成果，营造良好的国际化教学科研环境。师资水平国际化为提高学科建设和科研水平提供了新动力，为实现"双一流"目标打下坚实基础。一是在中国高校引进一批优秀的语言类教师，开设更多小语种课程和在沿线国家设立小语种专门语言学校。通过这些措施为国内培养小语种人才和国外培养汉语人才做出设施保障。二是高校要引导学生向"多语种 +"型国际化人才发展。通过开设大类课程、辅修专业等贯通外语专业和其他专业培养一批"会语言，通国别，精领域"的人才，通过开展社会实践、海外交流互换等加深中国与沿线国家学生对该区域国家风土人情、社会历史的了解。三是政府出台优惠政策，鼓励中国民众和团体在国外建立以汉语普通话为主的专门语言学校，引导"一带一路"沿线国家民众学习汉语等。四是借助微信、微博、直播平台等新媒体开设语言学习的"云"课程。

3. 打造中外合作高等教育品牌

我国可以建立市场导向模式，打造中外合作办学品牌，树立我国高校的良好品牌形象，提高高等教育办学层次和水平。新兴专业和交叉学科是创立文化教育品牌的重要突破口，打造具有较强影响力的品牌专业，同时加大品牌专业和品牌课程建设力度，品牌专业的示范作用，带动各学科专业加快建设，特色发展，更好发挥合作办学对学校教学改革的推动作用。

新丝绸之路大学联盟成立于 2015 年 5 月 22 日，由西安交通大学发起，来自 22 个国家和地区的近百所大学先后加入。新丝绸之路大学联盟是海内外大学结成的非政府、非营利性的开放性、国际化高等教育合作平台，以"共建教育合作平台，推进区域开放发展"为主题，推动"新丝绸之路经济带"沿线国家和地区大学之间在校际交流、人才培养、科研合作、文化沟通、政策研究、医疗服务等方面的交流与合作，增进青少年之间的了解和友谊，培养具有国际视野的高素质、复合型人才，服务"新丝绸之路经济带"沿线及欧亚地区的发展建设。2015 年 10 月 17 日，丝绸之路（敦煌）国际文化博览会筹委会文化传承创新高端学术研讨会在敦煌举行。来自复旦大学等 46 所中外高校在甘肃敦煌成立了"一带一路"高校战略联盟，以探索跨国培养与跨境流动的人才培养新机制，培养具有国际视野的高素质人才。46 所高校当日达成《敦煌共识》，联合建设"一带一路"高校国际联盟智库。联盟将共同打造"一带一路"高等教育共同体，推动"一带一路"沿线国家和地区大学之间在教育、科技、文化等领域的全面交流与合作，服务"一带一路"沿线国家和地区的经济社会发展。东北亚地区高校目前还未建成这样的高端学术联盟，没有实现针对区域的学术合作研讨。

六、新媒体教学是人才培养新势力

（一）依托丰富的技术手段培养人才

新媒体语境下，汉语言文化传播可利用的技术手段是丰富的，可依托的媒介是多样的。与大好的技术形势相对的是汉语言文化传播人才的缺乏。国际受众对传播信息不易掌控，很难深入交流下去，难以到达思想的层面。新媒体技术的深入发展不等于汉语言文化传播与交流层次的提高。新媒体语境下的汉语言文化国际传播，也需要依托人力资源，包括文献资源的选择与翻译、数字化中文文献、线上对外汉语教育等，即时的互动更需要人的参与。

（二）依托创新的教学模式培养人才

在新媒体语境下，可以打破传统的教室课堂教学授课模式，不再局限于教室、图书馆，某一高校的精品课、网络课，完全可以实现全网络的授课模式。兴办汉语言文化学习及推广网络教育，可以借鉴目前大学网上公开课及线上学习网站的经验，搭建新媒体的网络孔子学院和"线上教室"，制定有针对性的汉语言文化教学教材，培养优秀的在线教师，为多语种人才提供运用所学语种施展才能的空间。开设专门的资源共享板块，通过网站共享教育资源，多渠道实现汉语言文化际传播。汉语言文化培训软件的开发是我们目前比较薄弱的领域，需要不同学科专家的跨学科合作。

现在，抖音等短视频异常活跃，传播受众不仅通过短视频去获取中国国内的信息，见识到中国的发展，百姓的生活，传播者还可以利用短视频进行交流、招聘、游戏等。例如，各国孔子学院可以通过短视频制作中文教学视频，通过网络、电视等多种途径进行线上教学，确保传播受众能突破时间与空间的限制学习中国语言和文字，进一步了解中国。例如：在疫情时期，孔子学院某位老师通过视频直播的方式，在家里为各位学生进行授课；同时，将自己在家里制作一日三餐的过程拍成短视频，播放给学生们，讲解中国的美食文化。并通过讲述亲身经历，展现中国政府新冠防疫工作的点滴，从而让那些抹黑中国形象的国际舆论不攻自破。

汉语学习网，是全球最大的汉语互动学习平台，自助式汉语学习网络平台是现代汉语网络学习类网站中学习资源最多、内容最全、体验效果最好、注册用户最多的网站。

对国际教育的交流和合作来说，多元化的媒介、渠道和平台还包括中文国际教育的不同开展形式与方法，打通国际教育中的各项渠道，并根据自身国际教育的经验，了解国内外受众的文化接受现状与需求，开展科学且专业的"一带一路"沿线国家与地区之间的语言文化教育活动，让国际教育成为中华语言文化对外传播的科学路径之一。

目前已初步形成国家—地方—院校三级教育行动网络、通过政策沟通疏通教育合作渠道、国别研究得到充实、双向留学不断深化、合作办学形成新格局、科研合作更加紧密。"一带一路"背景下，教育合作要充分利用既有合作平台和合作机制，同时创设新型培养途径，加快人才培养，为汉语言文化传播与交流提供保障。

结　语

语言文化是民族的精神命脉和创造源泉，其本身就是一种生产力。汉语言文化传播的核心是中国价值观的传递，最终目的是汉语言文化的应用、提升、共融。"一带一路"倡议的实施对汉语言文化国际传播提出了更高要求，借助新媒体，加强国际传播能力建设，可不断提升汉语言文化的国家软实力和竞争力，向世界展示中国应有的国际形象。

我们展望未来，汉语言文化传播与交流在东北亚蓬勃发展，成为东北亚区域文化建设的一匹奔驰的千里马，汉语言文化传播速度加快，国际社会对汉语言文化认同感加强，未来的某一天汉语将成为东北亚通用语之一，东北亚汉文化圈将焕发生机。

参考文献

［1］赵磊.一带一路 中国的文明型崛起［M］.北京：中信出版社，2015.

［2］王义桅."一带一路"：中国崛起的天下担当［M］.北京：人民出版社，2018.

［3］海泽龙.文化认知视角下的"一带一路"建设与地区合作［M］//孙玉华，刘宏."一带一路"与东北亚区域合作.北京：时事出版社，2017.

［4］王灵桂."一带一路"理论建构与实现路径［M］.北京：中国社会科学出版社，2017.

［5］刘亚政，金美花.2016年"一带一路"倡议与东北亚区域合作［M］.北京：社会科学出版社，2017.

［6］蔡青.跨文化交流（第2版)［M］.北京：北京交通大学出版社，清华大学出版社，2018.

［7］关世杰.跨文化交流与国际传播研究［M］.北京：中国社会科学出版社，2011.

［8］刘伟，郭濂.一带一路 全球价值双环流下的区域互惠共赢［M］.北京：北京大学出版社，2015.

［9］蒋庆.政治儒学默想录［M］.福州：福建教育出版社，2015.

［10］黄晓勇，蔡礼强，何辉，徐彤斌.中国社会组织报告（2019).北京：社会科学文献出版社，2019.

［11］习近平.习近平谈"一带一路"［M］.北京：中央文献出版社，2018.

[12] 习近平.携手推进"一带一路"建设——在"一带一路"国际合作高峰论坛开幕式上的演讲［M］.北京：人民出版社，2017.

[13] 习近平.深化文明交流互鉴 共建亚洲命运共同体——在亚洲文明对话大会开幕式上的主旨演讲［M］.北京：人民出版社，2019.

[14] 习近平.齐心开创共建"一带一路"美好未来——在第二届"一带一路"国际合作高峰论坛开幕式上的主旨讲话［M］.北京：人民出版社，2019.

[15] 许培源，陈乘风.华侨华人与"一带一路"［M］.北京：社会科学文献出版社，2020.

[16] 张禹东，游国龙，庄国土，贾益民，陈文寿.华侨华人研究报告（2019）［M］.北京：社会科学文献出版社，2020.

[17] 汪高鑫，程仁桃.东亚三国古代关系史［M］.北京工业大学出版社，2006.

[18] 杨善民，韩铎.文化哲学［M］.济南：山东人民出版社，2002.

[19] 王名.中国民间组织 30 年——走向公民社会［M］.北京：社会科学文献出版社，2008.

电子文献

［1］中国一带一路网.已同中国签订共建"一带一路"合作文件的国家一览 ［EB/OL］.［2019-04-12］. https://www.yidaiyilu.gov.cn/gbjg/gbgk/77073. htm.

［2］中国一带一路网.标准联通共建"一带一路"行动计划（2018-2020年） ［EB/OL］.［2018-01-11］. https://www.yidaiyilu.gov.cn/zchj/qwfb/43480. htm.

［3］明确三大任务 促进高质量发展《"十四五""一带一路"文化和旅游 发展行动计划》制定印发. https://www.mct.gov.cn/whzx/whyw/202107/ t20210719_926507.htm.

［4］一带一路数据库. https://www.ydylcn.com/skwx_ydyl/sublibrary? SiteID=1& ID=8721.